REFERENCE

Rite of Confirmation

Ritual para la Confirmación

EL PONTIFICIO ROMANO
REVISÓ POR DECRETO DEL CONCILIO ECUMÉNICO VATICANO SEGUNDO
Y PUBLICÓ BAJO LA AUTORIDAD DEL PAPA PABLO VI

RITUAL PARA LA CONFIRMACIÓN

*La traducción al español fue elaborada por
la Conferencia del Episcopado Mexicano*

UNITED STATES CONFERENCE OF CATHOLIC BISHOPS
WASHINGTON, D.C

THE ROMAN PONTIFICAL

REVISED BY DECREE OF THE SECOND VATICAN ECUMENICAL COUNCIL
AND PUBLISHED BY AUTHORITY OF POPE PAUL VI

RITE OF CONFIRMATION

APPROVED FOR USE
IN THE DIOCESES OF THE UNITED STATES OF AMERICA
BY THE UNITED STATES CONFERENCE OF CATHOLIC BISHOPS
AND CONFIRMED BY THE APOSTOLIC SEE

*English Translation Prepared by the
International Commission on English in the Liturgy*

UNITED STATES CONFERENCE OF CATHOLIC BISHOPS
WASHINGTON, D.C.

Concordat cum originali:
  Monseñor James Patrick Moroney
  Director Ejecutivo, Secretariado para la Liturgia
  United States Conference of Catholic Bishops

Traducción al español del *Ritual para la Confirmación* © 1998, 1999 Conferencia Episcopal Mexicano. Se reservan todos los derechos.

Traducción al inglés del *Ritual para la Confirmación* © 1975, Comité Internacional para el Inglés en la Liturgia, Inc. (ICEL); traducción al inglés del *Orden de la Misa* y de *Oraciones del Misal Romano* © 1973, 1975, ICEL. Todos los derechos reservados.

En 2001 la National Conference of Catholic Bishops y la United States Catholic Conference llegaron a ser la United States Conference of Catholic Bishops.

ISBN 978-1-57455-656-8

Primera edición, abril de 2006

Copyright © 2006, United States Conference of Catholic Bishops, Washington, D.C. Se reservan todos los derechos. Ninguna porción de este trabajo puede reproducirse o ser transmitida en forma o medio alguno, ya sea electrónico o mecánico, incluyendo fotocopias, grabaciones, o por cualquier sistema de recuperación y almacenaje de información, sin el permiso por escrito del propietario de los derechos.

Concordat cum originali:
    Msgr. James Patrick Moroney
    Executive Director, Secretariat for the Liturgy
    United States Conference of Catholic Bishops

Spanish translation of *Ritual para la Confirmación* © 1998, 1999 Conferencia Episcopal Mexicana. All rights reserved.

English translation of *Rite of Confirmation* copyright © 1975, International Committee on English in the Liturgy, Inc. (ICEL); English translation of *Order of the Mass* and *Prayers from the Roman Missal* copyright © 1973, 1975, ICEL. All rights reserved.

In 2001 the National Conference of Catholic Bishops and United States Catholic Conference became the United States Conference of Catholic Bishops.

ISBN 978-1-57455-656-8

First printing, April 2006

Copyright © 2006, United States Conference of Catholic Bishops, Washington, D.C. All rights reserved. No part of this work may be reproduced or transmitted in any form or by any means, electronic or mechanical, including photocopying, recording, or by any information storage and retrieval system, without permission in writing from the copyright holder.

CONTENIDO

Decreto 8

Constitución Apostólica 10

Observaciones previas 24

Capítulo I. Celebración de la Confirmación dentro de la Misa . . . 40

Capítulo II. Celebración de la Confirmación fuera de la Misa . . . 66

Capítulo III. Lo que debe observarse cuando un ministro extraordinario administra la Confirmación 98

Capítulo IV. Confirmación de un enfermo en peligro de muerte 100

Apéndice: Lecturas bíblicas del Antiguo y del Nuevo Testamento 104

CONTENTS

Decree 9

Apostolic Constitution. 11

Introduction 25

Chapter I. Rite of Confirmation Within Mass 41

Chapter II. Rite of Confirmation Outside Mass 67

Chapter III. Rite of Confirmation by a Minister
    Who Is Not a Bishop. 99

Chapter IV. Confirmation of a Person in Danger of Death 101

Appendix: Biblical Readings from the Old and
    New Testament 105

CONGREGATIO DE CULTU DIVINO
ET DISCIPLINA SACRAMENTORUM

Prot. 773/97/L

MEXICI

Instante Excellentissimo Domino Ephraimo Ramos Salazar, Episcopo Chilpancingensi-Chilapensi, Praeside Commissionis Liturgicae penes Coetum Episcoporum Mexici, litteris die 10 aprilis 1997 datis, vigore facultatum huic Congregationi a Summo Pontifice IOANNE PAULO II tributarum, interpretationem hispanicam Ordinis Confirmationis, prout exstat in exemplari huic Decreto adnexo, perlibenter confirmamus.

In textu imprimendo mentio fiat de confirmatione ab Apostolica Sede concessa. Eiusdem insuper textus impressi duo exemplaria ad hanc Congregationem transmittantur.

Contrariis quibuslibet minime obstantibus.

Ex aedibus Congregationis de Cultu Divino et Disciplina Sacramentorum, die 20 iunii 1997.

✠ Georgius Medina E.
Pro-Praefectus

✠ Gerardus M. Agnelo
Archiepiscopus á Secretis

SACRED CONGREGATION
FOR DIVINE WORSHIP

Prot. n. 800/71

DECREE

In the sacrament of Confirmation the apostles and the bishops who are their successors have handed on to the baptized the special gift of the Holy Spirit, promised by Christ the Lord and poured out upon the apostles at Pentecost. With this the initiation in the Christian life is completed so that believers are strengthened by power from heaven, made true witnesses of Christ in word and deed, and bound more closely to the Church.

To make "the intimate connection of this sacrament with the whole of Christian initiation" clearer, the Second Vatican Council decreed that the rite of Confirmation should be revised.[1]

Now that this work has been completed and approved by Pope Paul VI in the apostolic constitution *Divinae consortium naturae* of August 15, 1971, the Congregation for Divine Worship has published the new Rite of Confirmation. It is to replace the rite now in use in the Roman Pontifical and Ritual. The Congregation declares the present edition to be the typical edition.

Anything to the contrary notwithstanding.

From the office of the Congregation for Divine Worship, August 22, 1971.

✠ Arturo Cardinal Tabera
Prefect

✠ Annibale Bugnini
Secretary

---

1 See Second Vatican Council, constitution *Sacrosanctum Concilium*, no. 71: AAS 56 (1964) 118.

Constitución Apostolica "Divinae Consortium Naturae" sobre el SACRAMENTO DE LA CONFIRMACIÓN

PABLO OBISPO
SIERVO DE LOS SIERVOS DE DIOS
EN MEMORIA PERPETUA DE ESTE ACTO

La participación de la naturaleza divina que los hombres reciben como don mediante la gracia de Cristo tiene cierta analogía con el origen, el crecimiento y el sustento de la vida natural. En efecto, los fieles renacidos en el Bautismo se fortalecen con el sacramento de la Confirmación y, finalmente, son alimentados en la Eucaristía con el manjar de la vida eterna, y así, por medio de estos sacramentos de la iniciación cristiana, reciben cada vez con más abundancia los tesoros de la vida divina y avanzan hacia la perfección de la caridad. Con toda razón han sido escritas las siguientes palabras: "Se lava la carne para que se purifique el alma; se unge la carne para que se consagre el alma; se marca la carne para que también sea protegida el alma; se somete la carne a la imposición de la mano para que también el alma sea iluminada por el Espíritu; se alimenta la carne con el Cuerpo y Sangre de Cristo para que también el alma se sacie de Dios."[1]

El Concilio ecuménico Vaticano II, consciente de su responsabilidad pastoral, ha puesto particular cuidado y atención en estos sacramentos de la iniciación, prescribiendo que sus ritos respectivos fuesen oportunamente revisados y así se adapten mejor a la comprensión de los fieles. Habiendo entrado ya en vigor el Ritual del bautismo de niños, renovado según lo dispuesto por el mismo Concilio ecuménico y publicado por nuestro mandato, se ha creído conveniente publicar ahora el Rito de la Confirmación, para que de esta forma quede más clara la unidad de la iniciación cristiana.

Apostolic Constitution *on the* SACRAMENT OF CONFIRMATION

PAUL, BISHOP
SERVANT OF THE SERVANTS OF GOD
FOR AN EVERLASTING MEMORIAL

The sharing in the divine nature which is granted to men through the grace of Christ has a certain likeness to the origin, development, and nourishing of natural life. The faithful are born anew by Baptism, strengthened by the sacrament of Confirmation, and finally are sustained by the food of eternal life in the Eucharist. By means of these sacraments of Christian initiation, they thus receive in increasing measure the treasures of divine life and advance towards the perfection of charity. It has rightly been written: "The body is washed, that the soul may be cleansed; the body is anointed, that the soul may be consecrated; the body is signed, that the soul too may be fortified; the body is overshadowed by the laying on of hands, that the soul too may be enlightened by the Spirit; the body is fed on the body and blood of Christ, that the soul too should be nourished by God."[1]

Conscious of its pastoral purpose, the Second Vatican Ecumenical Council devoted special attention to these sacraments of initiation. It prescribed that the rites should be suitably revised in order to make them more suited to the understanding of the faithful. Since the *Rite for the Baptism of Children*, revised at the mandate of that General Council and published at our command, is already in use, it is now fitting to publish the rite of Confirmation, in order to show the unity of Christian initiation in its true light.

In fact, careful attention and application have been devoted in these last years to the task of revising the manner of celebrating this sacrament. The aim of this work has been that "the intimate connection which this sacrament has with the

CONSTITUCIÓN APOSTOLICA

En el curso de estos años se ha dedicado realmente un enorme y cuidadoso trabajo a la revisión de las modalidades de la celebración de este sacramento; la intención ha sido, obviamente, la de procurar poner más en claro la íntima conexión de este sacramento con todo el ciclo de la iniciación cristiana.[2] Ahora bien, el vínculo que une la Confirmación con los demás sacramentos del mismo ciclo no se pone suficientemente de manifiesto por el solo hecho de que los ritos estén más coordinados entre sí, sino también por el gesto y las palabras con los que se confiere la Confirmación. De esta forma se conseguirá que los ritos y las palabras de este sacramento "expresen con mayor claridad las cosas santas que significan y, en lo posible, el pueblo cristiano pueda comprenderlas fácilmente y participar en ellas por medio de una celebración plena, activa y comunitaria".[3]

Para conseguir esto, hemos querido que en este trabajo de revisión se incluyesen también aquellos elementos que pertenecen a la esencia misma del rito de la Confirmación, por el cual los fieles reciben el Espíritu como Don.

El Nuevo Testamento deja bien claro en qué modo el Espíritu Santo asistía a Cristo en el cumplimiento de su función mesiánica. Jesús, en efecto, después de haber recibido el bautismo de Juan, vio descender sobre sí el Espíritu Santo (Cfr Mc 1, 10), que permaneció sobre él (Cfr Jn 1, 32). Fue también impulsado por el mismo Espíritu, confortado con su presencia y ayuda, al dar comienzo públicamente el ministerio mesiánico. Cuando Jesús impartía sus saludables enseñanzas al pueblo de Nazaret, dio a entender con sus palabras que era a él a quien se refería el oráculo de Isaías: "El Espíritu del Señor está sobre mí" (Cfr Lc 4, 17-21).

Prometió además a sus discípulos que el Espíritu Santo les ayudaría también a ellos, infundiéndoles aliento para dar testimonio de la fe, incluso delante de sus perseguidores (Cfr Lc 12, 12). La víspera de su pasión aseguró a los Apóstoles que enviaría de parte del Padre el Espíritu de verdad (Cfr Jn 15, 26), el cual "estaría *siempre* con ellos" (Jn 14, 16) y les ayudaría eficazmente a dar testimonio de sí mismo (Cfr Jn 15, 26). Finalmente, después de la Resurrección, Cristo prometió la inminente venida del Espíritu Santo: "Cuando el Espíritu Santo descienda sobre ustedes, los llenará de fortaleza y serán mis testigos" (Hech 1, 8; Cfr Lc 24, 49).

El día de la fiesta de Pentecostés, el Espíritu Santo descendió realmente, de un modo extraordinario, sobre los Apóstoles reunidos con María, Madre de Jesús, y con los demás discípulos: quedaron tan llenos de él (Cfr Hech 2, 4), que, inflamados por el

whole of Christian initiation should be more lucidly set forth."² The link between Confirmation and the other sacraments of initiation is shown forth more clearly not only by closer association of these sacraments but also by the rite and words by which Confirmation is conferred. This is done so that the rite and words of this sacrament may "express more clearly the holy things which they signify. The Christian people, so far as possible, should be able to understand them with ease and take full and active part in the celebration as a community."³

For that purpose, it has been our wish also to include in this revision what concerns the very essence of the rite of Confirmation, through which the faithful receive the Holy Spirit as a Gift.

The New Testament shows how the Holy Spirit assisted Christ in fulfilling his messianic mission. On receiving the Baptism of John, Jesus saw the Spirit descending on him (see Mark 1:10) and remaining with him (see John 1:32). He was impelled by the Spirit to undertake his public ministry as the Messiah, relying on the Spirit's presence and assistance. Teaching the people of Nazareth, he shows by what he said that the words of Isaiah, "The Spirit of the Lord is upon me," referred to himself (see Luke 4:17-21).

He later promised his disciples that the Holy Spirit would help them also to bear fearless witness to their faith even before persecutors (see Luke 12:12). The day before he suffered, he assured his Apostles that he would send the Spirit of truth from his Father (see John 15:26) to stay with them "for ever" (John 14:16) and help them to be his witnesses (see John 15:26). Finally, after his resurrection, Christ promised the coming descent of the Holy Spirit: "You will receive power when the Holy Spirit comes down on you; then you are to be my witnesses" (Acts 1:8; see Luke 24:49).

And in fact, on the day of the feast of Pentecost, the Holy Spirit came down in an extraordinary way on the Apostles as they were gathered together with Mary the mother of Jesus and the group of disciples. They were so "filled with" the Holy Spirit (Acts 2:4) that by divine inspiration they began to proclaim "the mighty works of God." Peter regarded the Spirit who had thus come down upon the Apostles as the gift of the messianic age (see Acts 2:17-18). Those who believed the Apostles' preaching were then baptized and they too received "the gift of the Holy Spirit" (Acts 2:38). From that time on the Apostles, in fulfillment of Christ's wish, imparted

soplo divino, comenzaron a proclamar las maravillas de Dios. Pedro declaró además que el Espíritu que descendió así sobre los Apóstoles era el don de los tiempos mesiánicos (Cfr Hech 2, 17-18). Fueron entonces bautizados los que habían creído en la predicación apostólica, y recibieron ellos también "el don del Espíritu Santo" (Hech 2, 38). Desde aquel tiempo, los Apóstoles, en cumplimiento de la voluntad de Cristo, comunicaban a los neófitos, mediante la imposición de manos, el don del Espíritu Santo, destinado a completar la gracia del Bautismo (Cfr Hech 8, 15-17; 19, 5ss). Esto explica por qué en la Carta a los Hebreos se recuerda, entre los primeros elementos de la formación cristiana, la doctrina del Bautismo y de la imposición de manos (Cfr Hb 6, 2). Es esta imposición de manos la que ha sido con toda razón considerada por la tradición católica como el primitivo origen del sacramento de la Confirmación, el cual perpetúa, en cierto modo, en la Iglesia la gracia de Pentecostés.

De todo esto aparece clara la importancia peculiar de la Confirmación respecto a la iniciación sacramental, por la cual "los fieles, como miembros de Cristo viviente, son incorporados y asemejados a él por el Bautismo, por la Confirmación y por la Eucaristía".[4] En el Bautismo, los neófitos reciben el perdón de los pecados, la adopción de hijos de Dios y el carácter de Cristo, por el cual quedan agregados a la Iglesia y se hacen partícipes inicialmente del sacerdocio de su Salvador (Cfr 1 Pedro 2, 5. 9). Con el sacramento de la Confirmación los renacidos en el Bautismo reciben el don inefable, el mismo Espíritu Santo, por el cual "se enriquecen con una fortaleza especial"[5] y, marcados por el carácter del mismo sacramento, "se vinculan más estrechamente a la Iglesia",[6] y "se obligan con mayor compromiso a difundir y defender la fe, con su palabra y sus obras, como verdaderos testigos de Cristo".[7] Finalmente, la Confirmación está tan vinculada con la Eucaristía[8] que los fieles, marcados ya por el Bautismo y la Confirmación, son injertados de manera plena en el Cuerpo de Cristo mediante la participación de la Eucaristía.[9]

Ya desde los primeros tiempos, el don del Espíritu Santo era conferido en la Iglesia con diversos ritos. Estos han ido sufriendo, tanto en Oriente como en Occidente, múltiples modificaciones, pero han conservado siempre el significado de la comunicación del Espíritu Santo.

En muchos ritos de Oriente parece que, ya antiguamente, prevaleció para la comunicación del Espíritu Santo el rito de la crismación, el cual no se distinguía aún claramente del Bautismo.[10] Tal rito conserva todavía hoy su vigor en la mayor parte de las Iglesias orientales.

the gift of the Spirit to the newly baptized by the laying on of hands to complete the grace of Baptism. Hence it is that the Letter to the Hebrews lists among the first elements of Christian instruction the teaching about baptisms and the laying on of hands (Hebrews 6:2). This laying on of hands is rightly recognized by Catholic tradition as the beginning of the sacrament of Confirmation, which in a certain way perpetuates the grace of Pentecost in the Church.

This makes clear the specific importance of Confirmation for sacramental initiation by which the faithful "as members of the living Christ are incorporated into him and made like him through Baptism and through Confirmation and the Eucharist."[4] In Baptism, the newly baptized receive forgiveness of sins, adoption as sons of God, and the character of Christ, by which they are made members of the Church and for the first time become sharers in the priesthood of their Savior (see 1 Peter 2:5, 9). Through the sacrament of Confirmation, those who have been born anew in Baptism receive the inexpressible Gift, the Holy Spirit himself, by which "they are endowed ...with special strength."[5] Moreover, having received the character of this sacrament, they are "bound more intimately to the Church"[6] and "they are more strictly obliged to spread and defend the faith both by word and by deed as true witnesses of Christ."[7] Finally, Confirmation is so closely linked with the holy eucharist[8] that the faithful, after being signed by holy Baptism and Confirmation, are incorporated fully into the body of Christ by participation in the Eucharist.[9]

From ancient times the conferring of the gift of the Holy Spirit has been carried out in the Church with various rites. These rites underwent many changes in the East and the West, while always keeping the significance of a conferring of the Holy Spirit.[10]

In many Eastern rites, it seems that from early times a rite of anointing, not then clearly distinguished from Baptism, prevailed for the conferring of the Holy Spirit. That rite continues in use today in the greater part of the churches of the East.

In the West there are very ancient witnesses concerning the part of Christian initiation which was later distinctly recognized as the sacrament of Confirmation. After the baptismal washing and before the eucharistic meal, the performance of many rites is indicated, such as anointing, the laying on of the hand and consignation.[11] These are contained both in liturgical documents[12] and in many

En Occidente se encuentran testimonios muy antiguos sobre aquella parte de la iniciación cristiana, en la que más tarde se ha reconocido claramente el sacramento de la Confirmación. Efectivamente, después de la ablución bautismal y antes de recibir el alimento eucarístico, se indican otros gestos a realizar como la unción, la imposición de la mano y la *consignatio*,[11] los cuales se hallan contenidos tanto en los documentos litúrgicos[12] como en muchos testimonios de los Padres. Desde entonces, y a lo largo de los siglos surgieron discusiones y dudas acerca de los elementos indispensables a la esencia del rito de la Confirmación. Es oportuno recordar, por lo menos, algunos de aquellos testimonios que, desde el siglo XIII, contribuyeron no poco en los Concilios ecuménicos y en los documentos de los Sumos Pontífices a ilustrar la importancia de la crismación, sin olvidar por eso la imposición de las manos.

Inocencio III, nuestro predecesor, escribió: "Con la crismación en la frente se designa la imposición de la mano, que también se llama Confirmación, ya que, por medio de ella, se da el Espíritu Santo para el crecimiento y robustecimiento".[13] Otro predecesor nuestro, Inocencio IV, recuerda que los Apóstoles comunicaban el Espíritu Santo "con la imposición de la mano, representada por la Confirmación o la crismación en la frente".[14] En la Profesión de fe del emperador Miguel Paleólogo, leída en el segundo Concilio de Lyon, se hace mención del sacramento de la Confirmación "que los obispos confieren mediante la imposición de las manos, ungiendo con el crisma a los bautizados".[15] El Decreto *Pro Armenís*, Concilio de Florencia, afirma que "la materia del sacramento de la Confirmación es el crisma, confeccionado con aceite . . . y bálsamos",[16] y citando las palabras de los Hechos de los Apóstoles que se refieren a Pedro y Juan, los cuales confirieron el Espíritu Santo con la imposición de las manos (Cfr Hech 8, 17), añade: "En lugar, pues, de aquella imposición de la mano, en la Iglesia se da la Confirmación".[17] El Concilio de Trento, aunque de ninguna manera intenta definir el rito esencial de la Confirmación, sin embargo, lo designa con el solo nombre de sagrado crisma de la Confirmación.[18] Benedicto XIV declaró: "Por lo tanto, hay que afirmar esto, que está fuera de discusión: que en la Iglesia latina se confiere el sacramento de la Confirmación usando el sagrado crisma, o sea, aceite de oliva mezclado con bálsamo y bendecido por el obispo y haciendo el ministro la señal de la cruz en la frente del confirmando mientras el mismo ministro pronuncia las palabras de la forma".[19]

Muchos teólogos, teniendo en cuenta estas. declaraciones y tradiciones, sostuvieron que para la administración válida de la Confirmación se requería solamente la

testimonies of the Fathers. In the course of the centuries, problems and doubts arose as to what belonged with certainty to the essence of the rite of Confirmation. It is fitting to mention at least some of the elements which, from the thirteenth century onwards, in the ecumenical councils and in the documents of the popes, cast light on the importance of anointing while at the same time not allowing the laying on of hands to be obscured.

Our predecessor Innocent III wrote: "By the anointing of the forehead the laying on of the hand is designated, which is otherwise called Confirmation, since through it the Holy Spirit is given for growth and strength."[13] Another of our predecessors, Innocent IV, recalls that the Apostles conferred the Holy Spirit "through the laying on of the hand, which confirmation or the anointing of the forehead represents."[14] In the profession of faith of Emperor Michael Palaeologus, which was read at the Second Council of Lyons, mention is made of the sacrament of Confirmation, which "bishops confer by the laying on of the hands, anointing with chrism those who have been baptized."[15] The Decree for the Armenians, issued by the Council of Florence, declares that the "matter" of the sacrament of Confirmation is "chrism made of olive oil . . . and balsam,"[16] and, quoting the words of the Acts of the Apostles concerning Peter and John, who gave the Holy Spirit through the laying on of hands (see Acts 8:17), it adds: "in place of that laying on of the hand, in the Church confirmation is given."[17] The Council of Trent, though it had no intention of defining the essential rite of Confirmation, only designated it with the name of the holy chrism of Confirmation.[18] Benedict XIV made this declaration: "Therefore let this be said, which is beyond dispute: in the Latin Church the sacrament of confirmation is conferred by using sacred chrism or olive oil, mixed with balsam and blessed by the bishop, and by tracing the sign of the cross by the minister of the sacrament on the forehead of the recipient, while the same minister pronounces the words of the form."[19]

Many theologians, taking account of these declarations and traditions, maintained that for valid administration of Confirmation there was required only anointing with chrism, done by placing the hand on the forehead. In spite of this, however, in the rites of the Latin Church a laying of hands upon those to be confirmed was always prescribed before the anointing.

unción del crisma, hecha en la frente con la imposición de la mano; sin embargo, en los ritos de la Iglesia latina se prescribía siempre la imposición de las manos antes de la unción de los confirmandos.

Respecto a las palabras del rito con que se comunica el Espíritu Santo, hay que advertir que, ya en la naciente Iglesia, Pedro y Juan, al terminar la iniciación de los bautizados en Samaria, oraron por ellos para que recibiesen el Espíritu Santo, y después impusieron las manos sobre ellos (Cfr Hech 8, 15-17). En Oriente, durante los siglos IV y V, aparecen en el rito de la crismación los primeros indicios de las palabras: *signaculum doni Spiritus Sancti*.[20] Bien pronto tales palabras fueron recibidas por la Iglesia de Constantinopla y son empleadas todavía por las Iglesias de rito bizantino.

En Occidente, al contrario, las palabras de este rito, que completa el Bautismo, hasta los siglos XII y XIII no estaban claramente determinadas. Pero en el Pontifical Romano del siglo XII aparece por primera vez la fórmula que después se hizo común: "Yo te marco con el signo de la cruz y te confirmo con el crisma de salvación. En el nombre del Padre, y del Hijo, y del Espíritu Santo".[21]

Está claro, por todo lo que hemos recordado, que en la administración de la Confirmación en Oriente y en Occidente, aunque de modo diverso, el primer puesto lo ocupó la crismación, que representa de alguna manera la imposición de las manos usada por los Apóstoles. Y dado que aquella unción con el crisma significa convenientemente la unción espiritual del Espíritu Santo que se da a los fieles, Nos queremos confirmar su existencia e importancia.

Acerca de las palabras que se pronuncian en el acto de la crismación, hemos apreciado en su justo valor la dignidad de la venerable fórmula usada en la Iglesia latina; sin embargo, creemos que a ella se debe preferir la fórmula antiquísima, propia del rito bizantino, con la que se expresa el don del mismo Espíritu Santo y se recuerda la efusión del Espíritu en el día de Pentecostés (Cfr Hech 2, 1-4. 38). En consecuencia, adoptamos esta fórmula traducida casi literalmente.

Por lo tanto, a fin de que la revisión del rito de la Confirmación también comprenda oportunamente la esencia misma del rito del sacramento, con nuestra suprema Autoridad Apostólica decretamos y establecemos que, en adelante, sea observado en la Iglesia latina cuanto sigue:

With regard to the words of the rite by which the Holy Spirit is given, it should be noted that, already in the primitive Church, Peter and John, in order to complete the initiation of those baptized in Samara, prayed for them to receive the Holy Spirit and then laid hands on them (see Acts 8:15-17). In the East, in the fourth and fifth centuries there appear in the rite of anointing the first indications of the words "*signaculum doni Spiritus Sancti.*"[20] These words were quickly accepted by the Church of Constantinople and are still used by the Churches of the Byzantine rite.

In the West, however, the words of this rite, which completed Baptism, were not defined until the twelfth and thirteenth centuries. But in the twelfth century Roman Pontifical the formula which later became the common one first occurs: "I sign you with the sign of the cross and confirm you with the chrism of salvation. In the name of the Father and of the Son and of the Holy Spirit."[21]

From what we have recalled, it is clear that in the administration of Confirmation in the East and West, though in different ways, the most important place was occupied by the anointing, which in a certain way represents the apostolic laying on of hands. Since this anointing with chrism well represents the spiritual anointing of the Holy Spirit, who is given to the faithful, we intend to confirm its existence and importance.

As regards the words which are pronounced in Confirmation, we have examined with due consideration the dignity of the venerable formula used in the Latin Church, but we judge preferable the very ancient formula belonging to the Byzantine rite, by which the Gift of the Holy Spirit himself is expressed and the outpouring of the Spirit which took place on the day of Pentecost is recalled (see Acts 2:1-4, 38). We therefore adopt this formula, rendering it almost word for word.

Therefore, in order that the revision of the rite of Confirmation may fittingly embrace also the essence of the sacramental rite, by our supreme apostolic authority we decree and lay down that in the Latin Church the following should be observed for the future:

The sacrament of Confirmation is conferred through the anointing with chrism on the forehead, which is done by the laying on of the hand, and through the words: **"Accipe Signaculum Doni Spiritus Sancti."**

El sacramento de la confirmación se confiere mediante la unción del crisma en la frente, que se hace con la imposición de la mano, y mediante las palabras: **"Accipe Signaculum Doni Spiritus Sancti recibe por esta señal el don del espíritu santo"**.

Sin embargo, la imposición de las manos sobre los elegidos, que se realiza con la oración prescrita antes de la crismación, aunque no pertenece a la esencia del rito sacramental, hay que tenerla en gran consideración, ya que forma parte de la perfecta integridad del mismo rito y favorece la mejor comprensión del sacramento. Está claro que esta primera imposición de las manos, que precede, se diferencia de la imposición de la mano con la cual se realiza la unción crismal en la frente.

Establecidos y declarados todos estos elementos referentes al rito esencial del sacramento de la Confirmación, aprobamos también, con nuestra Autoridad Apostólica, el Ritual del mismo sacramento revisado por la Sagrada Congregación para el Culto divino, después de consultar a las Sagradas Congregaciones para la Doctrina de la Fe, para la Disciplina de los Sacramentos y para la Evangelización de los Pueblos, en todo lo que atañe a materia de su competencia. La edición latina del Ritual, que contiene el nuevo rito, entrará en vigor apenas sea publicado; mientras que las ediciones en lengua vulgar, preparadas por las Conferencias Episcopales y confirmadas por la Santa Sede, entrarán en vigor a partir del día que sea establecido por cada Conferencia; el antiguo Ritual podrá ser usado hasta finalizar el año 1972. Sin embargo, a partir del 1º de enero de 1973 deberá ser usado solamente el nuevo Ritual.

Todo lo que hemos establecido y prescrito queremos que tenga, ahora y en el futuro, pleno vigor en la Iglesia latina; sin qué obsten, aunque hubiese lugar, las Constituciones y Normas apostólicas dadas por nuestros predecesores y demás disposiciones, incluso dignas de especial mención.

Dado en Roma, junto a San Pedro, el 15 de agosto, festividad de la Asunción de la Santísima Virgen María, del año 1971, IX de nuestro pontificado.

PABLO PP. VI

NOTAS

1 Tertullian, *De resurrectione mortuorum*, 8, 3: CCL 2, p. 931.

2 Cfr Concilio Vaticano II, Constitución *Sacrosanctum Concilium*, sobre la sagrada liturgia, núm. 71.

Although the laying of hands on the candidates, which is done with the prescribed prayer before the anointing, does not belong to the essence of the sacramental rite, it is nevertheless to be held in high esteem, in that it contributes to the integral perfection of that rite and to a clearer understanding of the sacrament. It is evident that this preceding laying on of hands differs from the laying on of the hand by which the anointing is done on the forehead.

Having established and declared all these elements concerning the essential rite of the sacrament of Confirmation, we also approve by our apostolic authority the order for the same sacrament, which has been revised by the Congregation for Divine Worship, after consultation with the Congregations for the Doctrine of the Faith, for the Discipline of the Sacraments, and for the Evangelization of Peoples as regards the matters which are within their competence. The Latin edition of the order containing the new form will come into force as soon as it is published; the editions in the vernacular languages, prepared by the episcopal conferences and confirmed by the Apostolic See, will come into force on the dates to be laid down by the individual conferences. The old order may be used until the end of the year 1972. From January 1, 1973, however, only the new order is to be used by those concerned.

We intend that everything that we have laid down and prescribed should be firm and effective in the Latin Church, notwithstanding, where relevant, the apostolic constitutions and ordinances issued by our predecessors, and other prescriptions, even if worthy of special mention.

Given in Rome, at Saint Peter's, on the fifteenth day of August, the Solemnity of the Assumption of the Blessed Virgin Mary, in the year 1971, the ninth of our pontificate.

PAUL PP. VI

NOTES

1 Tertullian, *De resurrectione mortuorum*, VIII, 3: CCL, 2, 931.
2 See Second Vatican Council, constitution *Sacrosanctum Concilium*, no. 71: AAS 56 (1964) 118.
3 *Ibid.*, no. 21: p. 106.

3 *Ibíd.*, núm. 21.

4 Concilio Vaticano II, Decreto *Ad gentes*, sobre la actividad misionera de la Iglesia, núm. 36.

5 Concilio Vaticano II, Constitución dogmática *Lumen gentium*, sobre la Iglesia, núm. 11.

6 *Ibid.*, núm. 11.

7 *Ibid.*, núm. 11; Cfr Decreto *Ad gentes*, sobre la actividad misionera de la Iglesia, núm. 11.

8 Cfr Concilio Vaticano II, Decreto *Presbyterorum ordinas*, sobre el ministerio y vida de los presbíteros, núm. 5.

9 Cfr *ibid.*, núm. 5.

10 Cfr Orígenes, *De Principiis*, I, 3, 2: GCS 22, 49s.; *Commentarius in Epistolam ad Romanos*, v, 8: PG 14, 1038; S. Cirilo de Jerusalén, *Catecheses*, XVI, 26; XXI, 1-7: PG 33, 956; 1088-1093.

11 Cfr Tertullian, *De Baptismo*, 7-8: CCL 1, 282s.; B. Botte, *La tradítion apostolique de Saint Hippolyte: (Liturgiewissenschaftliche Quellen und Forschungen*, 39), Münster de Westfalia 1963, pp. 52-54; S. Ambrosio, *De Sacramentis*, II, 24; III, 2, 8; VI, 2, 9: CSEL 73, 36, 42, 74-75; *De Mysteriis*, VII, 42: *ibid.*, 106.

12 *Liber Sacramentorum Romanae Ecclesiae Ordinis Anni Circuli*, edic. L. C. Mohlberg (*Rerum Eccleslasticarum Documenta, Fontes* IV), Roma 1960, p. 75; *Das Sacramentarium Gregorianum nach dem Aachener Urexemplar*, edic. H. Lietzmann (*Liturgtegeschichtliche Quellen*, 3), Münster de Westfalia 1921, pp. 53s.; *Liber Ordinum*, edic. M. Férotin (*Monumenta Ecclesiae Liturgica*, V), París 1904, pp. 33s.; *Missale Gallicanum Vetus*, edic. L. C. Mohlberg (*Rerum Ecclesiasticarum Documenta, Fontes* III), Roma 1958, p. 42; *Missale Gothicum*, edic. L C. Mohlberg (*Rerum Ecclesiasticarum Documenta, Fontes* V), Roma 1961, p. 67; C. Vogel—R. Elze, *Le Pontifical Romano-Germanique du dixtième siècle, Le Texte*, II (*Studi e Testi*, 227), Ciudad del Vaticano 1963, p. 109; M. Andrieu, *Le Pontifical Romain au Moyen Age*, t. 1, *Le Pontifical Romain du XIIe siècle* (*Studi e Testi*, 86), Ciudad del Vaticano 1938, pp. 247s. y 289; t. 2, *Le Pontifical de la Curie Romaine au XIIIe siècle* (*Studi e Testi*, 87), Ciudad del Vaticano 1940, pp. 452s.

13 Carta *Cum venisset*: PL 215, 285. La profesión de fe impuesta por el mismo Pontífice a los valdenses incluye estas palabras: "Admitimos que hay que aceptar como algo santo y venerable la confirmación hecha por el Obispo, esto es, la imposición de las manos": PL 215, 1511.

14 Carta *Sub Catholicae professione*: Mansi, *Conc. Coll*, t. 23, 579.

15 Mansi, *Conc. Coll.*, t. 24, 71.

16 *Epistolae Pontificiae ad Concilium Florentinum spectantes*: edic. G. Hofmann, *Concilium Florentinum*, vol. I, serie A, parte II, Roma 1944, p. 128.

17 *Ibid.*, p. 129.

18 Cfr *Concilii Tridentini Actorum pars altera*: edic. S. Ehses, *Concilium Tridentinum*, V, act. II, Friburgo de Brisgovia 1911, p. 996.

19 Carta *Ex quo primum tempore*, 52: *Benedicti XIV . . . Bullarium* t. III, Prati 1847, p. 320.

20 S. Cirilo de Jerusalén, *Catecheses*, XVIII, PG 33, 1056; Asterio, Obispo de Amasea, *In parabolam de fillio prodigo*, en "Photii Bibliotheca", Cod. 271: PG 104, 213. Cfr también *Epístola cuiusdam Patriarchae Constantinopolitani ad Martyrium Episcopum Antiochenum*: PG 119, 900.

21 M. Andrieu, *Le Pontifical Romain au Moyen-Age*, t. 1, *Le Pontifical Romain du XIIe siècle* (*Studi e Testi*, 86), Ciudad del Vaticano 1938, p. 247.

4 See Second Vatican Council, decree *Ad gentes*, no. 36: AAS 58 (1966) 983.

5 Second Vatican Council, dogmatic constitution *Lumen gentium*, no. 11: AAS 57 (1965) 15.

6 *Ibid.*

7 *Ibid.*; see *Ad gentes*, no. 11: AAS 58 (1966) 959-960.

8 See Second Vatican Council, decree *Presbyterorum Ordinis*, no. 5: AAS 58 (1966) 997.

9 See *ibid.*: pp. 997-998.

10 See Origen, *De Principiis*, 1, 3, 2: GCS, 22 49 sq., *Comm. in Ep. ad Rom.*, V. 8; PG, 14, 1038; Cyril of Jerusalem, *Catech.* XVI, 26; XXI, 1-7: PG, 33, 956; 1088-1093.

11 See Tertullian, *De Baptismo*, VII-VIII: CCL, 1, 282 sq.; B. Botte, *La tradition apostolique de Saint Hippolyte* (Liturgiewissenschaftliche Quellen und Forschungen), 39 (Münster in W., 1963) 52-54; Ambrose, *De Sacramentis*, II, 24; III, 2, 8; VI, 2, 9: CSEL., 73, pp. 36, 42, 74-75; *De Mysteriis*, VII, 42: *ibid.*, p. 106.

12 *Liber Sacramentorum Romanae Ecclesiae Ordinis Anni circuli*, ed. L. C. Mohlberg: *Rerum Ecclesiasticarum Documenta, Fontes*, IV (Rome, 1960) 75; *Das Sacramentarium Gregorianum nach dem Aachener Urexemplar*, ed. H. Lietzman: *Liturgiegeschichtliche Quellen*, 3 (Munster in W., 1921) 53 sq.; *Liber Ordinum*, ed. M. Férotin: *Monumenta Ecclesiae Liturgica*, V (Paris, 1904) 33 sq.; *Missale Gallicanum Vetus*, ed. L. C. Mohlberg: *Rerum Ecclesiasticarum Documenta, Fontes*, III (Rome, 1958) 42: *Missale Gothicum*, ed. L. C. Mohlberg: *Rerum Ecclesiasticarum Documenta*, V (Rome, 1961) 67; C. Vogel—R. Elze, *Le Pontifical Romano-Germanique du dixième siècle, Le Texte*, II; *Studi e Testi*, 227 (Vatican City, 1963) 109; M. Andrieu, *Le Pontifical Romain au Moyen-Age*, t. 1, *Le Pontifical Romain du XIIe siècle: Studi e Testi*, 86 (Vatican City, 1938) 247 sq., 289; t. 2, *Le Pontifical de la Curie Romaine au XIIIe siècle: Studi e Testi*, 87 (Vatican City, 1940) 452 sq.

13 *Ep. Cum venisset*: PL, 215, 285. The profession of faith which the same pope prescribed for Waldensians includes the following: *Confirmationem ab episcopo factam, id est impositionem manuum, sanctam et venerande accipiendam esse censemus*: PL, 215, 1511.

14 *Ep. Sub Catholicae professione*: Mansi, *Conc. Coll.*, t. 23, 579.

15 Mansi, *Conc. Coll.*, t. 24, 71.

16 *Epistolae Pontificiae ad Concilium Florentinum spectantes*, ed. G. Hofmann: *Concilium Florentinum*, vol. I, ser. A. part II (Rome, 1944) 128.

17 *Ibid.*, 129.

18 *Concilii Tridentini Actorum pars altera*, ed. S. Ehses: *Concilium Tridentinum*, V, Act. II (Fribourg Br., 1911) 996.

19 *Ep. Ex quo primum tempore*, 52: *Benedicti XIV . . . Bullarium*, t. III (Prato, 1847) 320.

20 See Cyril of Jerusalem, *Catech.* XVIII, 33, 1056; Asterius, Bishop of Amasea, *In parabolam de fillio prodigo*, in "Photii Bibliotheca," Cod. 271: PG, 104, 213. See also *Epistola cuiusdam Patriarchae Constantinopolitani ad Martyrium Episcopum Antiochenum*: PG, 119, 900.

21 M. Andrieu, *Le Pontifical Romain au Moyen-Age*, t. 1, *Le Pontifical Romain du XIIe siècle: Studi e Testi*, 86 (Vatican City, 1938) 247.

Ritual para la Confirmación
OBSERVACIONES PREVIAS

I
Importancia de la Confirmación

1. Los bautizados avanzan por el camino de la iniciación cristiana por medio del sacramento de la Confirmación, por el que reciben la efusión del Espíritu Santo, que fue enviado por el Señor sobre los Apóstoles en. el día de Pentecostés.

2. Por esta donación del Espíritu Santo los fieles se configuran más perfectamente con Cristo y se fortalecen con su poder para dar testimonio de Cristo y edificar su Cuerpo en la fe y la caridad. El carácter o el signo del Señor queda impreso de tal modo, que el sacramento de la Confirmación no puede repetirse.

II
Funciones y ministerios en la celebración de la Confirmación

3. Al pueblo de Dios le corresponde principalmente preparar a los bautizados para recibir el sacramento de la Confirmación. Y los pastores deben procurar que todos los bautizados lleguen a la plena iniciación cristiana, y, por lo tanto, se preparen con todo cuidado para la Confirmación.

Los catecúmenos adultos, que han de recibir la Confirmación inmediatamente después del Bautismo, gozarán de la ayuda de la comunidad cristiana y principalmente de la formación que reciben durante el tiempo del catecumenado y a la que contribuyen los catequistas, los padrinos y los miembros de la Iglesia local, y también de la catequesis y de las celebraciones rituales comunitarias. La organización de este mismo catecumenado se adaptará oportunamente a los que, bautizados de niños, se acercan a la Confirmación en edad adulta.

A los padres cristianos corresponde ordinariamente mostrarse solícitos por la iniciación de los niños a la vida sacramental, bien formando en ellos el espíritu de fe y aumentándoselo gradualmente, bien preparándolos a una fructuosa recepción de los

Rite of Confirmation
INTRODUCTION

I
Dignity of Confirmation

1. Those who have been baptized continue on the path of Christian initiation through the sacrament of Confirmation. In this sacrament they receive the Holy Spirit, whom the Lord sent upon the apostles at Pentecost.

2. This giving of the Holy Spirit conforms believers more perfectly to Christ and strengthens them so that they may bear witness to Christ for the building up of his body in faith and love. They are so marked with the character or seal of the Lord that the sacrament of Confirmation cannot be repeated.

II
Offices and Ministries in the Celebration of Confirmation

3. It is the responsibility of the people of God to prepare the baptized for Confirmation. It is the responsibility of the pastors to see that all the baptized come to the fullness of Christian initiation and are carefully prepared for Confirmation.

Adult catechumens, who are to be confirmed immediately after Baptism, have the help of the Christian community and, in particular, the formation which is given to them during the catechumenate, catechesis, and common liturgical celebrations. Catechists, sponsors, and members of the local church have a part in the catechumenate. The steps of the catechumenate will be appropriately adapted to those who, baptized in infancy, are confirmed only as adults.

The initiation of children into the sacramental life is for the most part the responsibility and concern of Christian parents. They are to form and gradually develop a spirit of faith in the children and, with the help of catechetical institutions, prepare them for the fruitful reception of the sacraments of Confirmation and the Eucharist.

sacramentos de la Confirmación y de la Eucaristía, siendo ayudados, oportunamente, por las instituciones que se dedican a la formación catequística. Esta función de los padres se manifiesta también por medio de su activa participación en la celebración de los sacramentos.

4. Se procurará que la acción sagrada sea festiva y solemne, pues ésta es su significación para la Iglesia local; principalmente se obtendrá si todos los candidatos se reúnen en una celebración común. Todo el pueblo de Dios, representado por los familiares y amigos de los confirmandos y por los miembros de la comunidad local, será invitado a participar en esta celebración; y se esforzará en manifestar su fe con los frutos que ha producido en ellos el Espíritu Santo.

5. Según costumbre, a cada uno de los confirmandos lo asiste un padrino, que lo lleva a recibir el sacramento, lo presenta al ministro de la Confirmación para la unción sagrada y lo ayuda después a cumplir fielmente las promesas del Bautismo, según el Espíritu Santo que ha recibido.

Teniendo en cuenta las circunstancias pastorales de hoy día, es conveniente que el padrino del Bautismo, si está presente, sea también el padrino de la Confirmación. Así se manifiesta más claramente la unión entre el Bautismo y la Confirmación, y se hace más eficaz el ministerio y la misión del padrino.

Sin embargo, de ningún modo se excluye la facultad de elegir un padrino propio de la Confirmación. También los mismos padres pueden presentar a sus hijos. Al Ordinario del lugar le compete, teniendo en cuenta las circunstancias locales, establecer el modo de proceder que se ha de observar en su diócesis.

6. Los pastores de almas procurarán que el padrino, elegido por el confirmando o por su familia, sea espiritualmente idóneo para el oficio que recibe, y esté revestido de estas dotes:

a) tenga madurez suficiente para cumplir esta función;

b) pertenezca a la Iglesia Católica y esté iniciado en los tres sacramentos: Bautismo, Confirmación y Eucaristía;

c) no esté impedido por el derecho a ejercer la función de padrino.

RITE OF CONFIRMATION • Introduction

This responsibility of the parents is also shown by their active participation in the celebration of the sacraments.

4. Attention should be paid to the festive and solemn character of the liturgical service, and its significance for the local church, especially if all the candidates are assembled for a common celebration. The whole people of God, represented by the families and friends of tie candidates and by members of the local community, will be invited to take part in the celebration and will express its faith in the fruits of the Holy Spirit.

5. Ordinarily there should be a sponsor for each of those to be confirmed. The sponsor brings the candidate to receive the sacrament, presents him to the minister for the anointing, and will later help him to fulfill his baptismal promises faithfully under the influence of the Holy Spirit.

In view of contemporary pastoral circumstances, it is desirable that the godparent at Baptism, if present, also be the sponsor at Confirmation; canon 796, no. 1, is abrogated. This change expresses more clearly the relationship between Baptism and Confirmation and also makes the function and responsibility of the sponsor more effective.

Nonetheless the choice of a special sponsor for Confirmation is not excluded. Even the parents themselves may present their children for Confirmation. It is for the local Ordinary to determine diocesan practice after considering local circumstances.

6. Pastors will see that the sponsor, chosen by the candidate or his family, is spiritually qualified for the office and satisfies these requirements:

   a)   that he be sufficiently mature for this responsibility;

   b)   that he belong to the Catholic Church and have been initiated in the three sacraments of Baptism, Confirmation, and the Eucharist;

   c)   that he be not prohibited by law from exercising the office of sponsor.

7. El ministro ordinario de la Confirmación es el obispo. Ordinariamente el sacramento es administrado por él mismo, con lo cual se hace una referencia más abierta a la primera efusión del Espíritu Santo en el día de Pentecostés. Pues, después de que se llenaron del Espíritu Santo, los mismos Apóstoles lo transmitieron a los fieles por medio de la imposición de las manos. Así la recepción del Espíritu Santo por el ministerio del obispo demuestra más estrechamente el vínculo que une a los confirmados a la Iglesia, y el mandato recibido de dar testimonio de Cristo entre los hombres.

Además del obispo, por el mismo derecho tienen facultad de confirmar:

a) El prelado territorial y el abad territorial, el vicario apostólico y el prefecto apostólico, el administrador apostólico y el administrador diocesano, dentro de los límites de su territorio y durante su ministerio.

b) Respecto a la persona de que se trata, el presbítero que, por razón de su oficio o por mandato del obispo diocesano, bautiza a quien ha sobrepasado la infancia, o admite a un adulto bautizado a la plena comunión de la Iglesia.

c) Para los que se encuentren en peligro de muerte, el párroco, e incluso cualquier presbítero.

8. El obispo diocesano debe administrar por sí mismo la Confirmación, o cuidar de que la administre otro obispo; pero si la necesidad lo requiere, puede conceder facultad a uno o varios presbíteros determinados, para que administren este sacramento.

Por causa grave, como sucede algunas veces por razón del gran número de confirmandos, el obispo, y asimismo el presbítero dotado de facultad de confirmar por el derecho o por concesión de la autoridad competente, pueden, en casos particulares, admitir a otros presbíteros, que administren también el sacramento.

Se aconseja que se invite a aquellos presbíteros que:

a) O bien tengan un ministerio o cargo peculiar en la diócesis, a saber: sean vicarios generales o episcopales, o arciprestes.

b) O bien sean párrocos del lugar en que se administra la Confirmación, o párrocos del lugar al que pertenecen los confirmandos, o presbíteros que han trabajado especialmente en la preparación catequética de los confirmandos.

RITE OF CONFIRMATION • Introduction

7. The original minister of Confirmation is the bishop. Ordinarily the sacrament is administered by the bishop so that there will be a more evident relationship to the first pouring forth of the Holy Spirit on Pentecost. After the Apostles were filled with the Holy Spirit, they themselves gave the Spirit to the faithful through the laying on of their hands. Thus the reception of the Spirit through the ministry of the bishop shows the close bond which joins the confirmed to the Church and the mandate to be witnesses of Christ among men.

In addition to the bishop, the law gives the faculty to confirm to the following:

    a) apostolic administrators who are not bishops, prelates or abbots *nullius*, vicars and prefects apostolic, vicars capitular, within the limits of their territory and while they hold office;

    b) priests who, in virtue of an office which they lawfully hold, baptize an adult or a child old enough for catechesis or receive a validly baptized adult into full communion with the Church;

    c) in danger of death, provided the bishop is not easily available or is lawfully impeded: pastors and parochial vicars; in their absence, their parochial associates; priests who are in charge of special parishes lawfully established; administrators; substitutes; and assistants; in the absence of all of the preceding, any priest who is not subject to censure or canonical penalty.

8. In case of true necessity and special reason, for example, the large number of persons to be confirmed, the minister of Confirmation mentioned in no. 7 or the special minister designated by indult of the Apostolic See or by law may associate other priests with himself in the administration of this sacrament.

It is required that these priests:

    a) have a particular function or office in the diocese, namely, vicars general, episcopal vicars or delegates, district or regional vicars, or those who by mandate of the Ordinary hold equivalent offices; or

    b) be the pastors of the places where Confirmation is conferred, pastors of the places where the candidates belong, or priests who have had a special part in the catechetical preparation of the candidates.

III
Celebración del sacramento

9.   El sacramento de la Confirmación se confiere por la unción del crisma en la frente, que se hace con la imposición de la mano, y por las palabras: "N., recibe por esta señal el Don del Espíritu Santo".

La imposición de las manos, que se hace sobre los confirmandos con la oración: "Dios todopoderoso . . .", aunque no pertenece a la validez del sacramento, tiene, sin embargo, gran importancia para la integridad del rito y para una más plena comprensión del sacramento.

Cuando algunos presbíteros acompañan al ministro principal en la administración del sacramento, hacen al mismo tiempo que él la imposición de las manos sobre todos los candidatos, pero en silencio.

Todo el rito tiene una doble significación. Por la imposición de las manos sobre los confirmandos, hecha por el obispo y por los sacerdotes concelebrantes, se actualiza el gesto bíblico, con el que se invoca el don del Espíritu Santo de un modo muy acomodado a la comprensión del pueblo cristiano. En la unción del crisma y en las palabras que la acompañan se significa claramente el efecto del don del Espíritu Santo. El bautizado, signado por la mano del obispo con el aceite aromático, recibe el carácter indeleble, señal del Señor, al mismo tiempo que el don del Espíritu, que lo configura más perfectamente con Cristo y le confiere la gracia de derramar "el buen olor" entre los hombres.

10.   El sagrado crisma es consagrado por el obispo en la Misa que ordinariamente se celebra el Jueves Santo con esta finalidad.

11.   Los catecúmenos adultos y los niños que en edad de catequesis son bautizados deben ser admitidos también en la misma celebración del Bautismo, como siempre ha sido costumbre, a la Confirmación y a la Eucaristía.

Si esto no puede hacerse, recibirán la Confirmación en otra celebración comunitaria (Cfr núm. 4). Del mismo modo en una celebración comunitaria recibirán la Confirmación y la Eucaristía los adultos que, bautizaos en la infancia, después han sido preparados oportunamente.

RITE OF CONFIRMATION • Introduction

III
CELEBRATION OF THE SACRAMENT

9. The sacrament of Confirmation is conferred through the anointing with chrism on the forehead, which is done by the laying on of the hand, and through the words: *Be sealed with the Gift of the Holy Spirit.*

Even though the laying of hands on the candidates with the prayer *All-powerful God* does not pertain to the valid giving of the sacrament, it is to be strongly emphasized for the integrity of the rite and the fuller understanding of the sacrament.

Priests who are sometimes associated with the principal minister in giving the sacrament join him in laying their hands on all the candidates together, but they do not say the prayer.

The whole rite has a twofold meaning. The laying of hands on the candidates by the bishop and the concelebrating priests is the biblical gesture by which the giving of the Holy Spirit is invoked. This is well adapted to the understanding of the Christian people. The anointing with chrism and the accompanying words express clearly the effects of the giving of the Holy Spirit. Signed with the perfumed oil, the baptized person receives the indelible character, the seal of the Lord, together with the gift of the Spirit, which conforms him more closely to Christ and gives him the grace of spreading the Lord's presence among men.

10. The chrism is consecrated by the bishop in the Mass which is ordinarily celebrated on Holy Thursday for this purpose.

11. Adult catechumens and children who are baptized at an age when they are old enough for catechesis should ordinarily be admitted to Confirmation and the Eucharist at the same time they receive Baptism. If this is impossible, they should receive Confirmation in a common celebration (see no. 4). Similarly, adults who were baptized in infancy should, after suitable preparation, receive Confirmation and the Eucharist in a common celebration.

Por lo que se refiere a los niños, en la Iglesia latina la Confirmación suele diferirse hasta alrededor de los siete años. No obstante, si existen razones pastorales, especialmente si se quiere inculcar con más fuerza en los fieles su plena adhesión a Cristo, el Señor, y la necesidad de dar testimonio de él, las Conferencias Episcopales pueden determinar una edad más idónea, de tal modo que el sacramento se confiera cuando los niños son ya algo mayores y han recibido una conveniente formación.

En este caso tómense las debidas cautelas, para que, si se presentase peligro de muerte o cualquier otra grave dificultad, los niños sean confirmados en su tiempo oportuno, incluso antes del uso de razón, para que no se vean privados del bien del sacramento.

12.   Para recibir la Confirmación se requiere estar bautizado. Además, si el fiel tiene ya uso de razón, se requiere que esté en estado de gracia, convenientemente instruido y dispuesto a renovar las promesas bautismales.

Corresponde a las Conferencias Episcopales determinar con más precisión con qué ayudas pastorales los candidatos, principalmente los niños, han de ser preparados para la Confirmación.

En lo que se refiere a los adultos, manténganse los principios, oportunamente adaptados, que están vigentes en cada una de las diócesis para admitir a los catecúmenos al Bautismo y a la Eucaristía. Cuídese principalmente que a la Confirmación preceda una catequesis adecuada y que se facilite a los candidatos una convivencia eficaz y suficiente con la comunidad cristiana y con cada uno de los fieles, para que reciban la ayuda necesaria, de tal modo que los candidatos puedan adquirir la formación adecuada para dar testimonio de vida cristiana y ejercer el apostolado; así su deseo de participar en la Eucaristía podrá ser sincero.[1]

A veces, la preparación de un adulto bautizado para la Confirmación coincide con su preparación para el matrimonio. Siempre que en estos casos se prevea que no pueden cumplirse las condiciones que se requieren para una fructuosa recepción de la Confirmación, el Ordinario del lugar juzgará si es más oportuno retrasar la Confirmación para una fecha posterior a la celebración del matrimonio.

Cuando se ha de administrar la Confirmación en peligro de muerte a un fiel dotado de uso de razón, procúrese que, en la medida de lo posible, se haga una conveniente preparación espiritual.

With regard to children, in the Latin Church the administration of Confirmation is generally postponed until about the seventh year. For pastoral reasons, however, especially to strengthen the faithful in complete obedience to Christ the Lord and in loyal testimony to him, episcopal conferences may choose an age which seems more appropriate, so that the sacrament is given at a more mature age after appropriate formation.

In this case the necessary precautions should be taken so that children will be confirmed at the proper time, even before the use of reason, when there is danger of death or other serious difficulty. They should not be deprived of the benefit of this sacrament.

12. One must be baptized to receive the sacrament of Confirmation. In addition, if the baptized person has the use of reason, it is required that he be in a state of grace, properly instructed, and able to renew his baptismal promises.

It is the responsibility of the episcopal conferences to determine more precisely the pastoral methods for the proper preparation of children for Confirmation.

With regard to adults, the same principles should be followed, with suitable adaptations, which are in effect in individual dioceses for the admission of catechumens to Baptism and the Eucharist. In particular, suitable catechesis should precede Confirmation, and there should be sufficient effective relationship of the candidates with the Christian community and with individual members of the faithful to assist in their formation. This formation should be directed toward their giving the witness of a Christian life and exercising the Christian apostolate, while developing a genuine desire to participate in the Eucharist (see *Introduction to Rite of Christian Initiation of Adults*, no. 19).

Sometimes the preparation of a baptized adult for Confirmation is part of his preparation for marriage. In such cases, if it is foreseen that the conditions for a fruitful reception of Confirmation cannot be satisfied, the local Ordinary will judge whether it is better to defer Confirmation until after the marriage.

If one who has the use of reason is confirmed in danger of death, he should be prepared spiritually, so far as possible, depending upon the circumstances of the individual case.

RITUAL PARA LA CONFIRMACIÓN • Observaciones previas

13. La Confirmación se tiene normalmente dentro de la Misa, para que se manifieste más claramente la fundamental conexión de este sacramento con toda la iniciación cristiana, que alcanza su culmen en la comunión del Cuerpo y de la Sangre de Cristo. Por esa razón, los confirmados participan de la Eucaristía, que completa su iniciación cristiana.

En el caso de que los confirmandos sean niños que aún no han recibido la Eucaristía y que en esta acción litúrgica no van a hacer la primera Comunión, o cuando otros motivos particulares lo aconsejen, confiérase fuera de la Misa. Cuando la Confirmación es administrada sin Misa, debe preceder una celebración sagrada de la palabra de Dios.

Siempre que la Confirmación se confiera dentro de la Misa, es conveniente que el ministro de la Confirmación celebre la Misa, más aún, la concelebre principalmente con los presbíteros que lo acompañan para la administración del sacramento.

Si la Misa es celebrada por otro, es conveniente que el obispo presida la Liturgia de la Palabra, haciendo todo lo que compete ordinariamente al celebrante; al final de la Misa dará la bendición.

Debe darse el mayor relieve a la celebración de la palabra de Dios, con que comienza el rito de la Confirmación. De la escucha de la palabra de Dios proviene la multiforme acción del Espíritu Santo sobre la Iglesia y sobre cada uno de los bautizados o confirmandos, y se manifiesta la voluntad del Señor en la vida de los cristianos.

Debe darse gran importancia a la recitación de la oración dominical (Padrenuestro), que hacen los confirmandos juntamente con el pueblo, ya sea dentro de la Misa antes de la Comunión, ya fuera de la Misa antes de la bendición, porque es el Espíritu el que ora en nosotros, y el cristiano en el Espíritu dice: "Abbá, Padre".

14. Deben inscribirse los nombres de los confirmados en el libro de confirmaciones de la Curia diocesana, dejando constancia del ministro, de los padres y padrinos, y del lugar y día de la administración de la Confirmación, o, donde lo mande la Conferencia de los obispos o el obispo diocesano, en el libro que se guarda en el archivo parroquial; el párroco debe notificarlo al párroco del lugar del Bautismo, para que se haga la anotación en el libro de Bautismos, según manda el derecho.

15. Si el párroco del lugar no ha estado presente, el ministro que ha conferido la Confirmación, bien por sí mismo o bien por otro, se lo debe hacer saber lo antes posible.

RITE OF CONFIRMATION • Introduction

13. Ordinarily Confirmation takes place within Mass in order to express more clearly the fundamental connection of this sacrament with the entirety of Christian initiation. The latter reaches its culmination in the communion of the body and blood of Christ. The newly confirmed should therefore participate in the Eucharist which completes their Christian initiation.

If the candidates for Confirmation are children who have not received the Eucharist and are not admitted to their first communion at this liturgical celebration or if there are other special circumstances, Confirmation should be celebrated outside Mass. When this occurs, there should first be a celebration of the word of God.

It is fitting that the minister of Confirmation celebrate the Mass or, better, concelebrate the Mass, especially with the priests who may join him in the administration of the sacrament.

If the Mass is celebrated by someone else, it is proper that the bishop preside over the liturgy of the word and that he give the blessing at the end of Mass.

Emphasis should be given to the celebration of the word of God which begins the rite of Confirmation. It is from the hearing of the word of God that the many-sided power of the Holy Spirit flows upon the Church and upon each one of the baptized and confirmed, and it is by this word that God's will is manifest in the life of Christians.

The saying of the Lord's Prayer by the newly confirmed with the rest of the people is also of very great importance, whether during Mass before communion or outside Mass before the blessing, because it is the Spirit who prays in us, and in the Spirit the Christian says "*Abba*, Father."

14. The pastor should record the names of the minister, those confirmed, parents and sponsors, and the date and place of Confirmation in a special book. The notation in the baptismal register should also be made according to law.

15. If the pastor of the newly-confirmed person is not present, the minister should promptly inform him of the Confirmation, either personally or through a representative.

IV
Adaptaciones que pueden hacerse en el Rito de la Confirmación

16. Compete a las Conferencias Episcopales, en virtud de la Constitución sobre la sagrada liturgia,[2] preparar en los Rituales particulares el rito de la Confirmación que corresponda al rito de la Confirmación del Pontifical Romano y se adapte a las necesidades de cada región, para que, reconocido por la Sede Apostólica, se pueda usar en las regiones pertinentes.[3]

17. Teniendo en cuenta las circunstancias de los lugares y la idiosincrasia y tradiciones de los pueblos, la Conferencia Episcopal considerará si es oportuno:

   a) Adaptar convenientemente las fórmulas de renovación de promesas y de profesión de fe bautismal, bien sea proponiendo el mismo texto del Ritual del Bautismo, bien acomodando las fórmulas para que respondan mejor a la condición de los confirmandos.

   b) Determinar otro modo para que el ministro dé la paz después de la unción, ya sea a cada uno de los confirmados, ya a todos juntos.

18. El ministro podrá, en cada uno de los casos y teniendo en cuenta la condición de los confirmandos, introducir en el rito algunas moniciones, y acomodar oportunamente las ya existentes, por ejemplo, proponiéndolas en forma dialogada, principalmente cuando se trata de niños, etc.

Cuando la Confirmación es administrada por un ministro extraordinario, bien sea por concesión del derecho general, bien por un peculiar indulto de la Sede Apostólica, conviene que en la homilía recuerde que el obispo es el ministro originario del sacramento, y explique la razón por la que el derecho o la Sede Apostólica concede la facultad de confirmar a los presbíteros.

IV
ADAPTATIONS IN THE RITE OF CONFIRMATION

16. In virtue of the Constitution on the Sacred Liturgy (art. 63b), episcopal conferences have the right to prepare a title in particular rituals corresponding to this title of the Roman Pontifical on Confirmation. This is to be adapted to the needs of individual regions so that, after Confirmation of their action by the Apostolic See, the ritual may be used in the territory.[1]

17. The episcopal conference will consider whether, in view of local circumstances and the culture and traditions of the people, it is opportune:

   a) to make suitable adaptations of the formulas for the renewal of baptismal promises and professions, either following the text in the rite of Baptism or accommodating these formulas to the circumstances of the candidates for Confirmation;

   b) to introduce a different manner for the minister to give the sign of peace after the anointing, either to each individual or to all the newly confirmed together.

18. The minister of Confirmation may introduce some explanations into the rite in individual cases, in view of the capacity of the candidates for Confirmation. He may also make appropriate accommodations in the existing texts, for example, by expressing these in a kind of dialogue, especially with children.

When Confirmation is given by a minister who is not a bishop, whether by concession of the general law or by special indult of the Apostolic See, it is fitting for him to mention in the homily that the bishop is the original minister of the sacrament and the reason why priests receive the faculty to confirm from the law or by an indult of the Apostolic See.

V
Cosas que hay que preparar

19. Para la administración de la Confirmación prepárense:

   a) Las vestiduras sagradas requeridas para la celebración de la Misa, tanto para el obispo como para los presbíteros que le ayudan—si los hay— y concelebran, cuando la Confirmación es administrada dentro de la Misa; si la Misa es celebrada por otro, conviene que el ministro de la Confirmación y los presbíteros que lo acompañan en la administración del sacramento participen en la Misa revestidos con los ornamentos prescriptos para la Confirmación, es decir, alba, estola y, para el ministro de la Confirmación, pluvial; estas vestiduras se utilizan también cuando la Confirmación es administrada fuera de la Misa.

   b) Sedes para el obispo y para los presbíteros que le ayudan.

   c) Una vasija (o vasijas) con el sagrado crisma.

   d) El Pontifical Romano o el Ritual.

   e) Todo lo necesario para la celebración de la Misa y la Comunión bajo las dos especies—si se distribuye de esta forma—cuando la Confirmación es administrada dentro de la Misa.

   f) Lo necesario para lavarse las manos después de la unción de los confirmandos.

NOTAS

1 Cfr Observaciones previas de la Iniciación cristiana de adultos, núm. 19.

2 Cfr Concilio Vaticano II, Constitución *Sacrosanctum Concilium*, sobre la sagrada liturgia, núm. 63, b.

3 Cfr Observaciones generales de la Iniciación cristiana, núms. 30-33.

V
Preparations

19. The following should be prepared for Confirmation:

   a) vestments for the celebration of Mass, for the bishop and for the priests who concelebrate with him; if the bishop does not celebrate the Mass, he and the priests who may administer Confirmation with him should participate in the Mass wearing the vestments for Confirmation: alb, stole, and, for the minister of Confirmation, cope; these vestments are also worn for Confirmation outside Mass;

   b) chairs for the bishop and the priest who assist him;

   c) vessel or vessels of chrism;

   d) Roman Pontifical or Ritual;

   e) preparations for Mass and for communion under both kinds, if it is given in this way;

   f) preparations for the washing of the ministers' hands after the anointing.

NOTE

1 See *Rite of Baptism for Children* (1969), General Instruction on Christian Initiation, nos. 30-33.

Capítulo I
CELEBRACIÓN DE LA CONFIRMACIÓN DENTRO DE LA MISA

LITURGIA DE LA PALABRA

20. La Misa con los textos eucológicos propios de la Confirmación se dice cuando en la misma celebración eucarística o inmediatamente antes o después de ella, se confiere el sacramento de la Confirmación. Los textos eucológicos se encuentran en el *Misal Romano* y al final de este Ritual.

Puede utilizarse cualquier día del año, fuera de los domingos de Adviento, de Cuaresma y de Pascua, de las solemnidades, del Miércoles de cenisa y de la Semana Santa.

Color litúrgico rojo o blanco.

LITURGIA DEL SACRAMENTO

PRESENTACIÓN DE LOS CONFIRMANDOS

21. Después del Evangelio, el obispo se sienta en la sede preparada (y los presbíteros que van a ayudarle en la administración de la Confirmación se sientan en los lugares preparados para ellos). A continuación, los que han de ser confirmados son presentados al obispo por el párroco o por otro presbítero o por un diácono o, también, por un catequista, según la costumbre de cada lugar. Cada confirmando, si es posible, es llamado por su nombre, y cada uno avanza hasta el presbiterio; si los confirmandos son niños, los acompaña uno de los padrinos o uno de los padres, y permanecen en pie delante del obispo.

Si los confirmandos son muchos, no se los llama nominalmente, sino que se colocan en un lugar adecuado ante el obispo.

Chapter I
RITE OF CONFIRMATION WITHIN MASS

LITURGY OF THE WORD

20. The liturgy of the word is celebrated in the ordinary way. The readings may be taken in whole or in part from the Mass of the day or from the texts for Confirmation in the *Lectionary for Mass* (nos. 764-768) and listed below (see Appendix).

SACRAMENT OF CONFIRMATION

PRESENTATION OF THE CANDIDATES

21. After the gospel the bishop and the priests who will be ministers of the sacrament with him take their seats. The pastor or another priest, deacon, or catechist presents the candidates for Confirmation, according to the custom of the region. If possible, each candidate is called by name and comes individually to the sanctuary. If the candidates are children, they are accompanied by one of their sponsors or parents and stand before the celebrant.

If there are very many candidates, they are not called by name, but simply take a suitable place before the bishop.

CAPÍTULO I • Celebración de la Confirmación dentro de la Misa

HOMILIA O ALOCUCION

22. Luego, el obispo hace una breve homilía, explicando las lecturas proclamadas, a fin de preparar a los que se van a confirmar, a sus papás y padrinos y a todos los fieles reunidos para que entiendan más profundamente el significado del sacramento de la Confirmación.

La puede hacer con las estas u otras palabras semejantes:

Hermanos: Hoy se renueva entre nosotros el misterio de Pentecostés. En ese día el Señor envió sobre los Apóstoles al Espíritu Santo, como se lo había prometido, y les confirió el poder de perfeccionar la obra comenzada en el Bautismo, mediante el don del Espíritu Santo. Así lo leemos en el libro de los Hechos de los Apóstoles. Cuando san Pablo impuso las manos sobre algunos bautizados, descendió sobre ellos el Espíritu Santo y empezaron a hablar en diversas lenguas y a profetizar.

Los obispos, como sucesores de los Apóstoles, han recibido también este poder y así, ya sea por sí mismos, ya por medio de presbíteros designados legítimamente para este ministerio, comunican el don del Espíritu Santo a los fieles, que en el Bautismo han renacido como hijos de Dios a la vida nueva en Cristo.

Si bien en nuestros días la venida del Espíritu Santo no se manifiesta por medio de prodigios extraordinarios, como el don de lenguas, la fe nos enseña que este mismo Espíritu nos es dado de una manera real, aunque invisible. El es quien infunde en nuestros corazones el amor de

CHAPTER I • Rite of Confirmation Within Mass

HOMILY OR INSTRUCTION

22. The bishop then gives a brief homily. He should explain the readings and so lead the candidates, their sponsors and parents, and the whole assembly to a deeper understanding of the mystery of Confirmation.

He may use these or similar words:

> On the day of Pentecost the Apostles received the Holy Spirit as the Lord had promised. They also received the power of giving the Holy Spirit to others and so completing the work of Baptism. This we read in the Acts of the Apostles. When Saint Paul placed his hands on those who had been baptized, the Holy Spirit came upon them, and they began to speak in other languages and in prophetic words.
>
> Bishops are successors of the Apostles and have this power of giving the Holy Spirit to the baptized, either personally or through the priests they appoint.
>
> In our day the coming of the Holy Spirit in Confirmation is no longer marked by the gift of tongues, but we know his coming by faith. He fills our hearts with the love of God, brings us together in one faith but in different vocations, and works within us to make the Church one and holy.

Dios; él es quien nos congrega en un solo cuerpo, pues aunque son muchos los carismas, y las vocaciones, es una e idéntica la fe; él es quien va haciendo progresar a la Iglesia en unidad y santidad.

El don del Espíritu Santo que ahora van a recibir, como un sello espiritual, completará en ustedes la semejanza con Cristo y los hará miembros más perfectos de la Iglesia. En efecto, Cristo nuestro Señor fue ungido por el Espíritu Santo en el bautismo que recibió de Juan, y así fue enviado para realizar su obra y encender por toda la tierra el fuego del Espíritu.

Ustedes, pues, que ya han sido consagrados a Dios por el Bautismo, van a recibir ahora la fuerza del Espíritu santo y serán marcados en su frente con el signo de la cruz. Por consiguiente, deberán dar ante el mundo testimonio de la muerte y resurrección de Cristo. Esto lo conseguirán si su vida diaria es ante los hombres como el buen olor de Cristo, de quien la Iglesia recibe constantemente aquella diversidad de dones que el Espíritu Santo distribuye entre los miembros del pueblo de Dios, para que el cuerpo de Cristo vaya creciendo, en la unidad y en el amor.

Procuren, pues, queridos hermanos, ser siempre miembros vivos de la Iglesia y esfuércense, conducidos por el Espíritu Santo, en ser los servidores de todos los hombres, a semejanza de Cristo, que no vino a ser servido sino a servir.

CHAPTER I • Rite of Confirmation Within Mass

The gift of the Holy Spirit which you are to receive will be a spiritual sign and seal to make you more like Christ and more perfect members of his Church. At his Baptism by John, Christ himself was anointed by the Spirit and sent out on his public ministry to set the world on fire.

You have already been baptized into Christ and now you will receive the power of his Spirit and the sign of the cross on your forehead. You must be witnesses before all the world to his suffering, death, and resurrection; your way of life should at all times reflect the goodness of Christ. Christ gives varied gifts to his Church, and the Spirit distributes them among the members of Christ's body to build up the holy people of God in unity and love.

Be active members of the Church, alive in Jesus Christ. Under the guidance of the Holy Spirit give your lives completely in the service of all, as did Christ, who came not to be served but to serve.

CAPÍTULO I • Celebración de la Confirmación dentro de la Misa

Si el obispo, en vez de leer la exhortación precedente, hace una homilía, concluye siempre con estas o parecidas palabras, que destacan la relación del Bautismo con la Confirmación:

Ahora, antes de recibir el don del Espíritu Santo, conviene que renueven personalmente la profesión de fe, que sus padres y sus padrinos hicieron, en unión con toda la Iglesia, el día de su Bautismo, y renuncien a todo lo que aparta del Reino de Dios, prometiendo seguir a Jesucristo con la fidelidad de los Apóstoles y los mártires.

RENOVACION DE LOS COMPROMISOS BAUTISMALES

23. Después, el obispo pregunta simultáneamente a todos los confirmandos, que se han puesto de pie:

¿Renuncian ustedes a Satanás, y a todas sus obras y seducciones?

Los confirmandos, conjuntamente, responden:

Sí, renuncio.

El obispo:

¿Creen en Dios, Padre todopoderoso, creador del cielo y de la tierra?

Los confirmandos:

Sí, creo.

CHAPTER I • Rite of Confirmation Within Mass

So now, before you receive the Spirit, I ask you to renew the profession of faith you made in Baptism or your parents and godparents made in union with the whole Church.

RENEWAL OF BAPTISMAL PROMISES

23. After the homily the candidates stand and the bishop questions them:

Do you reject Satan and all his works and all his empty promises?

The candidates respond together:

I do.

Bishop:

Do you believe in God the Father almighty, creator of heaven and earth?

Candidates:

I do.

El obispo:

> ¿Creen en Jesucristo, su único Hijo, nuestro Señor,
> que nació de Santa María Virgen,
> padeció, fue sepultado,
> resucitó de entre los muertos
> y está sentado a la derecha del Padre?

Los confirmandos:

> Sí, creo.

El obispo:

> ¿Creen en el Espíritu Santo,
> Señor y dador de vida,
> que hoy les va a ser comunicado de un
> modo singular por el sacramento de la Confirmación,
> como fue dado a los Apóstoles el día de Pentecostés?

Los confirmandos:

> Sí, creo.

El obispo:

> ¿Creen en la santa Iglesia católica,
> en la comunión de los santos, en el perdón de los pecados,
> en la resurrección de los muertos y en la vida eterna?

Los confirmandos:

> Sí, creo.

CHAPTER I • **Rite of Confirmation Within Mass**

Bishop:

**Do you believe in Jesus Christ, his only Son, our Lord,
who was born of the Virgin Mary,
was crucified, died, and was buried,
rose from the dead,
and is now seated at the right hand of the Father?**

Candidates:

I do.

Bishop:

**Do you believe in the Holy Spirit,
the Lord, the giver of life,
who came upon the apostles at Pentecost
and today is given to you sacramentally in Confirmation?**

Candidates:

I do.

Bishop:

**Do you believe in the holy catholic Church,
the communion of saints, the forgiveness of sins,
the resurrection of the body, and life everlasting?**

Candidates:

I do.

El obispo:

Esta es nuestra fe. Esta es la fe de la Iglesia, que nos gloriamos de profesar, en Jesucristo, nuestro Señor.

Todos: Amén.

Si parece conveniente, estas palabras de asentimiento pueden cambiarse por otras semejantes, o bien se puede entonar un canto apropiado, con el que la comunidad exprese su fe.

IMPOSICION DE LAS MANOS

24. Luego, el obispo (teniendo a ambos lados a los presbíteros que van a ayudarle), de pie y con las manos juntas, exhorta al pueblo, diciendo:

**Oremos, hermanos, a Dios, Padre todopoderoso,
por estos hijos suyos,
que renacieron ya a la vida eterna en el Bautismo,
para que envíe abundantemente sobre ellos
al Espíritu Santo,
a fin de que este mismo Espíritu
los fortalezca con la abundancia de sus dones,
los consagre con su unción espiritual
y haga de ellos imagen fiel de Jesucristo.**

Todos oran en silencio unos instantes.

25. Luego, el obispo (y los presbíteros que lo ayudan) impone las manos sobre todos los confirmandos. El obispo, él solo, dice:

CHAPTER I • Rite of Confirmation Within Mass

The bishop confirms their profession of faith by proclaiming the faith of the Church:

**This is our faith. This is the faith of the Church.
We are proud to profess it in Christ Jesus our Lord.**

The whole congregation responds:

Amen.

For This is our faith, *some other formula may be substituted, or the community may express its faith in a suitable song.*

THE LAYING ON OF HANDS

24. *The concelebrating priests stand near the bishop. He faces the people and with hands joined, sings or says:*

**My dear friends:
in Baptism God our Father gave the new birth of eternal life
to his chosen sons and daughters.
Let us pray to our Father
that he will pour out the Holy Spirit
to strengthen his sons and daughters with his gifts
and anoint them to be more like Christ the Son of God.**

All pray in silence for a short time.

25. *The bishop and the priests who will minister the sacrament with him lay hands upon all the candidates (by extending their hands over them). The bishop alone sings or says:*

**Dios todopoderoso,
Padre de nuestro Señor Jesucristo,
que has hecho nacer de nuevo a estos hijos tuyos
por medio del agua y del Espíritu Santo,
librándolos del pecado,
escucha nuestra oración
y envía sobre ellos al Espíritu Santo Consolador:
espíritu de sabiduría y de inteligencia,
espíritu de consejo y de fortaleza,
espíritu de ciencia, de piedad
y de tu santo temor.
Por Jesucristo, nuestro Señor.**

Todos: Amén.

UNCIÓN CON EL SANTO CRISMA

26.   Un diácono presenta al obispo el santo crisma. Cada uno de los confirmandos se acerca al obispo (o a uno de los presbíteros), o, si parece más conveniente, el obispo (y los presbíteros) se acerca a cada confirmando. Quien presenta al confirmando le coloca la mano derecha sobre el hombro y dice el nombre de éste al obispo o, si se prefiere, el mismo confirmando dice su nombre.

27.   El obispo (y los presbíteros) moja el pulgar derecho en el crisma y traza el signo de la cruz en la frente del confirmando, mientras dice:

N., recibe por esta señal el Don del Espíritu Santo.

El confirmado responde:

Amén.

El obispo añade:

La paz esté contigo.

El confirmado:

Y con tu espíritu.

**All-powerful God,
Father of our Lord Jesus Christ,
by water and the Holy Spirit**

you freed your sons and daughters from sin
and gave them new life.
Send your Holy Spirit upon them
to be their Helper and Guide.
Give them the spirit of wisdom and understanding,
the spirit of right judgment and courage,
the spirit of knowledge and reverence.
Fill them with the spirit of wonder and awe
    in your presence.
We ask this through Christ our Lord.

R/. Amen.

THE ANOINTING WITH CHRISM

26. The deacon brings the chrism to the bishop. Each candidate goes to the bishop, or the bishop may go to the individual candidates. The one who presented the candidate places his right hand on the latter's shoulder and gives the candidate's name to the bishop; or the candidate may give his own name.

27. The bishop dips his right thumb in the chrism and makes the sign of the cross on the forehead of the one to be confirmed, as he says:

N., be sealed with the Gift of the Holy Spirit.

The newly confirmed responds:

Amen.

The bishop says:

Peace be with you.

The newly confirmed responds:

And also with you.

CAPÍTULO I • Celebración de la Confirmación dentro de la Misa

28. Si hay varios presbíteros que ayudan al obispo en la administración del sacramento, un diácono o uno de los ministros entrega al obispo todos los vasos con el santo crisma, y el obispo entrega personalmente el crisma a cada uno de los presbíteros, que se acercan a él. Así aparece visiblemente que los presbíteros actúan en nombre del obispo.

Cada uno de los confirmandos se acerca al obispo, (o a uno de los presbíteros), o, si parece más conveniente, el obispo (y los presbíteros), se acerca a cada uno de los confirmandos, que son ungidos del modo antes descrito (núm. 27).

29. Mientras dura la unción, se puede entonar algún canto adecuado. Terminada la unción, el obispo (y los presbíteros) se lava las manos.

ORACION DE LOS FIELES

30. Sigue la oración universal o de los fieles, para la cual se puede usar la siguiente fórmula u otra adecuada:

El obispo:

**Queridos hermanos,
oremos a Dios Padre todopoderoso,
unidos en la misma fe, en la misma esperanza,
en la misma caridad,
que proceden del Espíritu Santo.**

A continuación, el diácono, u otro ministro, propone las siguientes intenciones:

**Por estos hijos de Dios,
que han sido confirmados
por el Espíritu Santo,**

CHAPTER I • Rite of Confirmation Within Mass

28. If priests assist the bishop in conferring the sacrament, all the vessels of chrism are brought to the bishop by the deacon or by other ministers. Each of the priests comes to the bishop, who gives him a vessel of chrism.

The candidates go to the bishop or to the priests, or the bishop and priests may go to the candidates. The anointing is done as described above (no. 27).

29. During the anointing a suitable song may be sung. After the anointing the bishop and the priests wash their hands.

GENERAL INTERCESSIONS

30. The general intercessions follow, in this or a similar form determined by the competent authority.

Bishop:

> **My dear friends:**
> **let us be one in prayer to God our Father**
> **as we are one in the faith, hope, and love his Spirit gives.**

Deacon or minister:

> **For these sons and daughters of God,**
> **confirmed by the gift of the Spirit,**
> **that they give witness to Christ**

para que, arraigados en la fe
y fundamentados en la caridad,
den verdadero testimonio de Cristo,
roguemos al Señor.

Todos: Te rogamos, óyenos.

El diácono o ministro:

**Por sus padres y padrinos,
responsables de su fe,
para que, con su palabra y ejemplo,
los ayuden a seguir fielmente a Cristo,
roguemos al Señor.**

Todos: Te rogamos, óyenos.

El diácono o ministro:

**Por la santa Iglesia de Dios,
congregada por el Espíritu Santo
en la unidad de la fe y de la caridad, para que,
en comunión con nuestro santo padre el Papa N.,
con nuestro obispo N.,
y con todos los obispos del mundo,
crezca y se difunda entre todos los pueblos, roguemos al Señor.**

Todos: Te rogamos, óyenos.

CHAPTER I • Rite of Confirmation Within Mass

**by lives built on faith and love:
let us pray to the Lord.**

R/. Lord, hear our prayer.

Deacon or minister:

**For their parents and godparents
who led them in faith,
that by word and example they may always encourage them
to follow the way of Jesus Christ:
let us pray to the Lord.**

R/. Lord, hear our prayer.

Deacon or minister:

**For the holy Church of God,
in union with N. our pope, N. our bishop,
   and all the bishops,
that God, who gathers us together by the Holy Spirit,
may help us grow in unity of faith and love
until his Son returns in glory:
let us pray to the Lord.**

R/. Lord, hear our prayer.

CAPÍTULO I • Celebración de la Confirmación dentro de la Misa

El diácono o ministro:

**Por los hombres del mundo entero,
que tienen un solo Creador y Padre,
para que se reconozcan como hermanos
y, sin discriminación de raza o de nación,
busquen, con sincero corazón,
el reino de Dios,
que es paz y gozo en el Espíritu Santo,
roguemos al Señor.**

Todos: Te rogamos, óyenos.

Finalmente, el obispo concluye con la siguiente oración:

**Dios y Padre nuestro,
que enviaste el Espíritu Santo a los apóstoles
y estableciste que,
por medio de ellos y sus sucesores,
ese mismo Espíritu se transmitiera a todos los fieles,
escucha benévolo nuestra oración
y concede a estos hijos tuyos,
que han sido confirmados,
participar, también ahora,
de los dones que tu misericordia dispensara
al iniciarse la predicación del Evangelio.
Por Jesucristo nuestro Señor.**

Todos: Amén.

CHAPTER I • Rite of Confirmation Within Mass

Deacon or minister:

> For all men,
> of every race and nation,
> that they may acknowledge the one God as Father,
> and in the bond of common brotherhood
> seek his kingdom,
> which is peace and joy in the Holy Spirit:
> let us pray to the Lord.
>
> **R/.** Lord, hear our prayer.

Bishop:

> God our Father,
> you sent your Holy Spirit upon the apostles,
> and through them and their successors
> you give the Spirit to your people.
> May his work begun at Pentecost
> continue to grow in the hearts of all who believe.
> We ask this through Christ our Lord.
>
> **R/.** Amen.

CAPÍTULO I • Celebración de la Confirmación dentro de la Misa

LITURGIA EUCARISTICA

31. Acabada la Oración de los fieles, sigue la Liturgia de la Eucaristía, en la que todo se realiza como de ordinario, excepto lo siguiente:

a) Se omite el Credo, pues ya se hizo la profesión de fe antes de la celebración del sacramento de la Confirmación.

b) Algunos de los confirmados pueden llevar al altar el pan, el vino y el agua para la Eucaristía.

c) En las Plegarias Eucarísticas ténganse en cuenta las variantes propias.

32. Los confirmados adultos y, según las circunstancias, los padrinos, padres, cónyuges y catequistas, y, si parece oportuno, los demás participantes, pueden recibir la Comunión bajo las dos especies.

RITO DE CONCLUSION

BENDICION SOLEMNE

33. El obispo, con las manos extendidas sobre los recién confirmados y sobre el pueblo, los bendice. En lugar de la bendición habitual al terminar la Misa, se puede usar la siguiente fórmula, o bien la oración sobre el pueblo que viene después.

El obispo:

**Que Dios Padre todopoderoso,
que los ha adoptado como hijos,
haciéndolos renacer del agua
y del Espíritu Santo,
los bendiga
y los haga siempre dignos
de su amor paternal.**

Todos: Amén.

CHAPTER I • Rite of Confirmation Within Mass

LITURGY OF THE EUCHARIST

31. After the general intercessions the liturgy of the Eucharist is celebrated according to the Order of Mass with these exceptions:

   a) the profession of faith is omitted, since it has already been made;

   b) some of the newly confirmed may join those who bring the gifts to the altar;

   c) When Eucharistic Prayer I is used, the special form of **Father, accept this offering** is said. (See *Sacramentary: Ritual Masses Confirmation*, no. 4.)

32. Adults who are confirmed, their sponsors, parents, wives and husbands, and catechists may receive communion under both kinds. [In the dioceses of the United States all who participate may receive communion under both kinds.]

CONCLUDING RITE

If there are any announcements, they are made at this time.

GREETING
The rite of dismissal takes place.

Facing the people, the bishop extends his hands and sings or says:

The Lord be with you.

The people answer:

And also with you.

BLESSING
The deacon or minister gives the invitation in these or similar words:

Bow your heads and pray for God's blessing.

El obispo:

> Que el Hijo unigénito de Dios,
> que prometió a su Iglesia
> la presencia continua del Espíritu de verdad,
> los bendiga y los confirme
> en la confesión de la fe verdadera.

Todos: Amén.

El obispo:

> Que el Espíritu Santo,
> que encendió en el corazón de los discípulos
> el fuego del amor,
> los bendiga y,
> congregándolos en la unidad,
> los conduzca,
> a través de las pruebas de la vida,
> a los gozos del Reino eterno.

Todos: Amén.

El obispo prosigue:

> Y que a todos ustedes aquí presentes
> los bendiga Dios todopoderoso,
> Padre, Hijo ✢ y Espíritu Santo.

Todos: Amén.

CHAPTER I • Rite of Confirmation Within Mass

SOLEMN BLESSING

33. Instead of the usual blessing at the end of Mass, the following blessing or prayer over the people is used.

**God our Father
made you his children by water and the Holy Spirit:
may he bless you
and watch over you with his fatherly love.**

R/. **Amen.**

**Jesus Christ the Son of God
promised that the Spirit of truth
would be with his Church forever:
may he bless you and give you courage
in professing the true faith.**

R/. **Amen.**

**The Holy Spirit
came down upon the disciples
and set their hearts on fire with love:
may he bless you,
keep you one in faith and love
and bring you to the joy of God's kingdom.**

R/. **Amen.**

The bishop adds immediately:

**May almighty God bless you,
the Father, and the Son, + and the Holy Spirit.**

R/. **Amen.**

CAPÍTULO I • Celebración de la Confirmación dentro de la Misa

ORACION SOBRE EL PUEBLO

En vez de la fórmula anterior de bendición, se puede emplear la siguiente oración sobre el pueblo.

El diácono, u otro ministro, dice esta u otra monición semejante:

Inclínense para recibir la bendición.

Luego, el obispo, con las manos extendidas sobre el pueblo, dice:

**Confirma, Señor,
lo que has realizado en nosotros
y conserva en el corazón de tus fieles
los dones del Espíritu Santo,
para que nunca se avergüencen
de dar testimonio de Jesucristo
y cumplan siempre con amor tu voluntad.**

Todos: Amén.

El obispo prosigue:

**Y que a todos ustedes aquí presentes
los bendiga Dios todopoderoso,
Padre, Hijo ✢ y Espíritu Santo.**

Todos: Amén.

El diácono:

Pueden ir en paz.

Todos: Demos gracias a Dios.

CHAPTER I • Rite of Confirmation Within Mass

PRAYER OVER THE PEOPLE
Instead of the preceding blessing, the prayer over the people may be used. The deacon or minister gives the invitation in these or similar words:

Bow your heads and pray for God's blessing.

The bishop extends his hands over the people and sings or says:

**God our Father,
complete the work you have begun
and keep the gifts of your Holy Spirit
active in the hearts of your people.
Make them ready to live his Gospel
and eager to do his will.
May they never be ashamed
to proclaim to all the world Christ crucified
living and reigning forever and ever.**

R/. Amen.

The bishop adds immediately:

**And may the blessing of almighty God,
the Father, and the Son, ✢ and the Holy Spirit,
come upon you and remain with you forever.**

R/. Amen.

Capítulo II
CELEBRACIÓN DE LA CONFIRMACIÓN FUERA DE LA MISA

Rito de entrada

CANTO DE ENTRADA

34. Reunidos los confirmandos, con sus padrinos y padres y con todo el pueblo, el obispo, con (los presbíteros que van a ayudarle en la administración de la Confirmación y) uno o varios diáconos y ministros, se dirige al presbiterio.

Mientras tanto, los fieles, si parece oportuno, pueden entonar algún salmo o canto apropiado.

35. Ante el altar, el obispo y los ministros hacen la debida reverencia y saluda al pueblo, diciendo:

La paz esté con ustedes.

Todos:

Y con tu espíritu.

Chapter II
RITE OF CONFIRMATION OUTSIDE MASS

Introductory Rites

ENTRANCE SONG

34. When the candidates, their sponsors and parents, and the whole assembly of the faithful have gathered, the bishop goes to the sanctuary with the priests who assist him, one or more deacons, and the ministers. Meanwhile all may sing a psalm or appropriate song.

35. The bishop makes the usual reverence to the altar with the ministers and greets the people:

Peace be with you.

All:

And also with you.

CAPÍTULO II • Celebración de la Confirmación fuera de la Misa

ORACIÓN
A continuación, el obispo dice una de las siguientes oraciones, precedida de la monición.

Oremos:

A. **Concédenos, Dios todopoderoso y clemente,
que el Espíritu Santo venga a habitar en nosotros
y nos transforme en templos de su gloria.
Por nuestro Señor Jesucristo.**

O bien:

B. **Cumple, Señor, tu promesa
y envíanos a tu Espíritu Santo,
para que podamos dar testimonio
ante el mundo con nuestra vida,
del Evangelio de Jesucristo, nuestro Señor,
que vive y reina contigo
en la unidad del Espíritu Santo y es Dios,
por los siglos de los siglos.**

O bien:

C. **Envía, Señor, sobre nosotros a tu Santo Espíritu,
para que caminemos todos
en la unidad de la fe
y, sostenidos por la fuerza de su amor,
podamos llegar a la madurez de la vida en Cristo,
que vive y reina contigo
en la unidad del Espíritu Santo y es Dios
por los siglos de los siglos.**

O bien:

CHAPTER II • Rite of Confirmation Outside Mass

OPENING PRAYER

Let us pray.

A. God of power and mercy,
send your Holy Spirit to live in our hearts
and make us temples of his glory.
We ask this through our Lord Jesus Christ, your Son,
who lives and reigns with you and the Holy Spirit,
one God, forever and ever.

R/. Amen.

B. Lord,
fulfill your promise.
Send your Holy Spirit to make us witnesses
before the world
to the good news proclaimed by Jesus Christ, our Lord,
who lives and reigns with you and the Holy Spirit,
one God, forever and ever.

R/. Amen.

C. Lord,
send us your Holy Spirit
to help us walk in unity of faith
and grow in the strength of his love
to the full stature of Christ,
who lives and reigns with you and the Holy Spirit,
one God, forever and ever.

R/. Amen.

CAPÍTULO II • Celebración de la Confirmación fuera de la Misa

D. **Te pedimos, Señor,**
que el Espíritu Santo, que procede de ti,
ilumine nuestras mentes
y las guíe hacia la verdad completa,
como nos lo prometió tu Hijo Jesucristo,
que vive y reina contigo
en la unidad del Espíritu Santo y es Dios,
por los siglos de los siglos.

Todos: Amén.

LITURGIA DE LA PALABRA

36. Enseguida se hace la Liturgia de la Palabra, en la cual se proclamarán una, dos o tres lecturas, que pueden tomarse del Leccionario para la celebración de la Confirmación (Véase el apéndice).

37. Si se hace más de una lectura, se seguirá el orden establecido para la Liturgia de la Palabra, es decir, una lectura del Antiguo Testamento, una lectura del Apóstol y una del Evangelio. Después de la primera y de la segunda lectura, seguirá un salmo u otro canto, en cuyo lugar podrán observarse unos instantes de silencio sagrado.

Liturgia del sacramento

PRESENTACION DE LOS CONFIRMANDOS

38. Después de las lecturas, el obispo se sienta en la sede preparada (y los presbíteros que van a ayudarle en la administración de la Confirmación se sientan en los lugares preparados para ellos). A continuación, los que han de ser confirmados son presentados al obispo por el párroco o por otro presbítero o por un diácono o, también, por un catequista, según la costumbre de cada lugar. Cada confirmando, si es posible, es llamado por su nombre, y cada uno avanza hasta el presbiterio; si los confirmandos

CHAPTER II • Rite of Confirmation Outside Mass

**D. Lord,
fulfill the promise given by your Son
and send the Holy Spirit
to enlighten our minds
and lead us to all truth.
Grant this through our Lord Jesus Christ, your Son,
who lives and reigns with you and the Holy Spirit,
one God, forever and ever.**

R/. Amen.

CELEBRATION OF THE WORD OF GOD

36. The celebration of the word of God follows. At least one of the readings suggested for the Mass of Confirmation (see Appendix) is read.

37. If two or three readings are chosen, the traditional order is followed, that is, the Old Testament, the Apostle, and the Gospel. After the first and second reading there should be a psalm or song, or a period of silence may be observed.

SACRAMENT OF CONFIRMATION

PRESENTATION OF THE CANDIDATES

38. After the readings the bishop and the priests who will be ministers of the sacrament with him take their seats. The pastor or another priest, deacon, or catechist presents the candidates for Confirmation, according to the custom of the region. If possible, each candidate is called by name and comes individually to the sanctuary. If the candidates are children, they are accompanied by one of their sponsors or parents and stand before the celebrant.

CAPÍTULO II • Celebración de la Confirmación fuera de la Misa

son niños, los acompaña uno de los padrinos o uno de los padres, y permanecen en pie delante del obispo celebrante.

Si los confirmandos son muchos, no se los llama nominalmente, sino que se colocan en un lugar adecuado ante el obispo.

HOMILIA O ALOCUCION

39. Luego el obispo hace una breve homilía, explicando las lecturas proclamadas, a fin de preparar a los que se van a confirmar, a sus padres y padrinos y a todos los fieles reunidos para que entiendan más profundamente el significado del sacramento de la Confirmación. La puede hacer con las estas u otras palabras semejantes:

Hermanos: Hoy se renueva entre nosotros el misterio de Pentecostés. En ese día el Señor envió sobre los Apóstoles al Espíritu Santo, como se lo había prometido, y les confirió el poder de perfeccionar la obra comenzada en el Bautismo, mediante el don del Espíritu Santo. Así lo leemos en el libro de los Hechos de los Apóstoles. Cuando san Pablo impuso las manos sobre algunos bautizados, descendió sobre ellos el Espíritu Santo y empezaron a hablar en diversas lenguas y a profetizar.

Los obispos, como sucesores de los Apóstoles, han recibido también este poder y así, ya sea por sí mismos, ya por medio de presbíteros designados legítimamente para este ministerio, comunican el don del Espíritu Santo a los fieles, que en el Bautismo han renacido como hijos de Dios a la vida nueva en Cristo.

CHAPTER II • Rite of Confirmation Outside Mass

If there are very many candidates, they are not called by name, but simply take a suitable place before the bishop.

HOMILY OR INSTRUCTION

39. The bishop then gives a brief homily. He should explain the readings and so lead the candidates, their sponsors and parents, and the whole assembly to a deeper understanding of the mystery of Confirmation.

He may use these or similar words:

On the day of Pentecost the apostles received the Holy Spirit as the Lord had promised. They also received the power of giving the Holy Spirit to others and so completing the work of Baptism. This we read in the Acts of the Apostles. When Saint Paul placed his hands on those who had been baptized, the Holy Spirit came upon them, and they began to speak in other languages and in prophetic words.

Bishops are successors of the apostles and have this power of giving the Holy Spirit to the baptized, either personally or through the priests they appoint.

Si bien en nuestros días la venida del Espíritu Santo no se manifiesta por medio de prodigios extraordinarios, como el don de lenguas, la fe nos enseña que este mismo Espíritu nos es dado de una manera real, aunque invisible. El es quien infunde en nuestros corazones el amor de Dios; él es quien nos congrega en un solo cuerpo, pues aunque son muchos los carismas, y las vocaciones, es una e idéntica la fe; él es quien va haciendo progresar a la Iglesia en unidad y santidad.

El don del Espíritu Santo que ahora van a recibir, como un sello espiritual, completará en ustedes la semejanza con Cristo y los hará miembros más perfectos de la Iglesia. En efecto, Cristo nuestro Señor fue ungido por el Espíritu Santo en el bautismo que recibió de Juan, y así fue enviado para realizar su obra y encender por toda la tierra el fuego del Espíritu.

Ustedes, pues, que ya han sido consagrados á Dios por el Bautismo, van a recibir ahora la fuerza del Espíritu Santo y serán marcados en su frente con el signo de la cruz. Por consiguiente, deberán dar ante el mundo testimonio de la muerte y resurrección de Cristo. Esto lo conseguirán si su vida diaria es ante los hombres como el buen olor de Cristo, de quien la Iglesia recibe constantemente aquella diversidad de dones que el Espíritu Santo distribuye entre los miembros del pueblo de Dios, para que el cuerpo de Cristo vaya creciendo en la unidad y en el amor.

In our day the coming of the Holy Spirit in Confirmation is no longer marked by the gift of tongues, but we know his coming by faith. He fills our hearts with the love of God, brings us together in one faith but in different vocations, and works within us to make the Church one and holy.

The gift of the Holy Spirit which you are to receive will be a spiritual sign and seal to make you more like Christ and more perfect members of his Church. At his Baptism by John, Christ himself was anointed by the Spirit and sent out on his public ministry to set the world on fire.

You have already been baptized into Christ and now you will receive the power of his Spirit and the sign of the cross on your forehead. You must be witnesses before all the world to his suffering, death, and resurrection; your way of life should at all times reflect the goodness of Christ. Christ gives varied gifts to his Church, and the Spirit distributes them among the members of Christ's body to build up the holy people of God in unity and love.

Procuren, pues, queridos hermanos, ser siempre miembros vivos de la Iglesia y esfuércense, conducidos por el Espíritu Santo, en ser los servidores de todos los hombres, a semejanza de Cristo, que no vino a ser servido sino a servir.

Ahora, antes de recibir el don del Espíritu Santo, conviene que renueven personalmente la profesión de fe, que sus papás y sus padrinos hicieron, en unión con toda la Iglesia, el día de su Bautismo, y renuncien a todo lo que aparta del Reino de Dios, prometiendo seguir a Jesucristo con la fidelidad de los Apóstoles y de los mártires.

RENOVACION DE LOS COMPROMISOS BAUTISMALES

40. Después, el obispo pregunta simultáneamente a todos los confirmandos, que se han puesto de pie:

¿Renuncian ustedes a Satanás y a todas sus obras y seducciones?

Los confirmandos, conjuntamente, responden:

Sí, renuncio.

El obispo:

¿Creen en Dios, Padre todopoderoso, creador del cielo y de la tierra?

Los confirmandos:

Sí, creo.

CHAPTER II • Rite of Confirmation Outside Mass

Be active members of the Church, alive in Jesus Christ. Under the guidance of the Holy Spirit give your lives completely in the service of all, as did Christ, who came not be served but to serve.

So now, before you receive the Spirit, I ask you to renew the profession of faith you made in Baptism or your parents and godparents made in union with the whole Church.

RENEWAL OF BAPTISMAL PROMISES
40. After the homily the candidates stand and the bishop questions them:

Do you reject Satan and all his works and all his empty promises?

The candidates respond together:

I do.

Bishop:

Do you believe in God the Father almighty, creator of heaven and earth?

Candidates:

I do.

El obispo:

**¿Creen en Jesucristo, su único Hijo, nuestro Señor,
que nació de Santa María Virgen,
padeció, fue sepultado,
resucitó de entre los muertos
y está sentado a la derecha del Padre?**

Los confirmandos:

Sí, creo.

El obispo:

**¿Creen en el Espíritu Santo,
Señor y dador de vida,
que hoy les va a ser comunicado de un modo singular,
por el sacramento de la Confirmación,
como fue dado a los Apóstoles el día de Pentecostés?**

Los confirmandos:

Sí, creo.

El obispo:

**¿Creen en la santa Iglesia católica,
en la comunión de los santos, en el perdón de los pecados,
en la resurrección de los muertos y en la vida eterna?**

Los confirmandos:

Sí, creo.

CHAPTER II • Rite of Confirmation Outside Mass

Bishop:

> Do you believe in Jesus Christ, his only Son, our Lord,
> who was born of the Virgin Mary,
> was crucified, died, and was buried,
> rose from the dead,
> and is now seated at the right hand of the Father?

Candidates:

> I do.

Bishop:

> Do you believe in the Holy Spirit,
> the Lord, the giver of life,
> who came upon the apostles at Pentecost
> and today is given to you sacramentally in Confirmation?

Candidates:

> I do.

Bishop:

> Do you believe in the holy catholic Church,
> the communion of saints, the forgiveness of sins,
> the resurrection of the body, and life everlasting?

Candidates:

> I do.

CAPÍTULO II • Celebración de la Confirmación fuera de la Misa

El obispo:

**Esta es nuestra fe. Esta es la fe de la Iglesia,
que nos gloriamos de profesar, en Jesucristo,
nuestro Señor.**

Todos: Amén.

Si parece conveniente, las palabras *Esta es nuestra fe . . .* se pueden cambiar por otras semejantes, o bien se puede entonar un canto apropiado, con el que la comunidad exprese su fe.

IMPOSICION DE LAS MANOS

41. Luego, el obispo (teniendo a su lado a los presbíteros que van a ayudarle), de pie y con las manos juntas, exhorta al pueblo, diciendo:

**Oremos, hermanos, a Dios Padre todopoderoso
por estos hijos suyos,
que renacieron ya a la vida eterna en el Bautismo,
para que envíe abundantemente sobre ellos
al Espíritu Santo,
a fin de que este mismo Espíritu
los fortalezca con la abundancia de sus dones,
los consagre con su unción espiritual
y haga de ellos imagen fiel de Jesucristo.**

Todos oran en silencio unos instantes.

CHAPTER II • Rite of Confirmation Outside Mass

The bishop confirms their profession of faith by proclaiming the faith of the Church:

**This is our faith. This is the faith of the Church.
We are proud to profess it in Christ Jesus our Lord.**

The whole congregation responds:

Amen.

For *This is our faith*, some other formula may be substituted, or the community may express its faith in a suitable song.

THE LAYING ON OF HANDS

41. The concelebrating priests stand near the bishop. He faces the people and with hands joined, sings or says:

**My dear friends:
in Baptism God our Father gave the new birth of
 eternal life
to his chosen sons and daughters.
Let us pray to our Father
that he will pour out the Holy Spirit
to strengthen his sons and daughters with his gifts
and anoint them to be more like Christ the Son of God**

All pray in silence for a short time.

CAPÍTULO II • Celebración de la Confirmación fuera de la Misa

42. Luego, el obispo (y los presbíteros que lo ayudan) impone las manos sobre todos los confirmandos. El obispo, él solo, dice:

Dios todopoderoso,
Padre de nuestro Señor Jesucristo,
que has hecho nacer de nuevo a estos hijos tuyos
por medio del agua y del Espíritu Santo,
librándolos del pecado,
escucha nuestra oración
y envía sobre ellos al Espíritu Santo Consolador:
espíritu de sabiduría y de inteligencia,
espíritu de consejo y de fortaleza,
espíritu de ciencia, de piedad
y de tu santo temor.
Por Jesucristo, nuestro Señor.

Todos: **Amén.**

UNCION CON EL SANTO CRISMA

43. Un diácono presenta al obispo el santo crisma. Cada uno de los confirmandos se acerca al obispo (o a uno de los presbíteros), o, si parece más conveniente, el obispo (y los presbíteros) se acerca a cada confirmando.

Quien presenta al confirmando le coloca la mano derecha sobre el hombro y dice el nombre de éste al obispo o, si se prefiere, el mismo confirmando dice su nombre.

CHAPTER II • Rite of Confirmation Outside Mass

42. The bishop and the priests who will minister the sacrament with him lay hands upon all the candidates (by extending their hands over them). The bishop alone sings or says:

> All-powerful God,
> Father of our Lord Jesus Christ,
> by water and the Holy Spirit
> you freed your sons and daughters from sin
> and gave them new life.
> Send your Holy Spirit upon them
> to be their Helper and Guide.
> Give them the spirit of wisdom and understanding,
> the spirit of right judgment and courage,
> the spirit of knowledge and reverence.
> Fill them with the spirit of wonder and awe
>   in your presence.
> We ask this through Christ our Lord.
>
> R/. Amen.

THE ANOINTING WITH CHRISM

43. The deacon brings the chrism to the bishop. Each candidate goes to the bishop, or the bishop may go to the individual candidates. The one who presented the candidate places his right hand on the latter's shoulder and gives the candidate's name to the bishop; or the candidate may give his own name.

44. El obispo (y los presbíteros) moja el pulgar derecho en el crisma y traza el signo de la cruz en la frente del confirmando, mientras dice:

N., recibe por esta señal el Don del Espíritu Santo.

El confirmado responde:

Amén.

El obispo añade:

La paz esté contigo.

El confirmado:

Y con tu espíritu.

45. Si hay varios presbíteros que ayudan al obispo en la administración del sacramento, un diácono o uno de los ministros entrega al obispo todos los vasos con el santo crisma, y el obispo entrega personalmente el crisma a cada uno de los presbíteros, que se acercan a él. Así aparece visiblemente que los presbíteros actúan en nombre del obispo.

Cada uno de los confirmandos se acerca al obispo, (o a uno de los presbíteros), o, si parece más conveniente, el obispo (y los presbíteros), se acerca a cada uno de los confirmandos, que son ungidos del modo antes descrito (núm. 44).

46. Mientras dura la unción, se puede entonar algún canto adecuado. Terminada la unción, el obispo (y los presbíteros) se lava las manos.

ORACION DE LOS FIELES

47. Terminada la unción de los confirmados, sigue la oración universal o de los fieles, para la cual se puede usar la siguiente fórmula u otra adecuada:

44. The bishop dips his right thumb in the chrism and makes the sign of the cross on the forehead of the one to be confirmed, as he says:

N., be sealed with the Gift of the Holy Spirit.

The newly confirmed responds:

Amen.

The bishop says:

Peace be with you.

The newly confirmed responds:

And also with you.

45. If priests assist the bishop in conferring the sacrament, all the vessels of chrism are brought to the bishop by the deacon or by other ministers. Each of the priests comes to the bishop, who gives him a vessel of chrism.

The candidates go to the bishop or to the priests, or the bishop and priests may go to the candidates. The anointing is done as described above (no. 44).

46. During the anointing, a suitable song may be sung. After the anointing, the bishop and the priests wash their hands.

GENERAL INTERCESSIONS

47. The general intercessions follow, in this or a similar form determined by the competent authority.

El obispo invita a los fieles a orar, diciendo:

**Queridos hermanos,
oremos a Dios Padre todopoderoso, unidos en la misma fe, en la misma esperanza, en la misma caridad, que proceden del Espíritu Santo.**

El diácono o ministro:

**Por estos hijos de Dios,
que han sido confirmados
por el Espíritu Santo,
para que, arraigados en la fe
y fundamentados en la caridad,
den verdadero testimonio de Cristo,
roguemos al Señor.**

Todos:

Te rogamos, óyenos.

El diácono o ministro:

**Por sus padres y padrinos,
responsables de su fe,
para que, con su palabra y ejemplo,
los ayuden a seguir fielmente a Cristo,
roguemos al Señor.**

Todos:

Te rogamos, óyenos.

CHAPTER II • Rite of Confirmation Outside Mass

Bishop:

**My dear friends:
let us be one in prayer to God our Father
as we are one in the faith, hope, and love his Spirit gives.**

Deacon or minister:

**For these sons and daughters of God,
confirmed by the gift of the Spirit,
that they give witness to Christ
by lives built on faith and love:
let us pray to the Lord.**

R/. Lord, hear our prayer.

Deacon or minister:

**For their parents and godparents
who led them in faith,
that by word and example they may always encourage them
to follow the way of Jesus Christ:
let us pray to the Lord.**

R/. Lord, hear our prayer.

CAPÍTULO II • Celebración de la Confirmación fuera de la Misa

El diácono o ministro:

**Por la santa Iglesia de Dios,
congregada por el Espíritu Santo
en la unidad de la fe y de la caridad, para que,
en comunión con nuestro santo padre el Papa N.,
con nuestro obispo N.,
y con todos los obispos del mundo,
crezca y se difunda entre todos los pueblos,
roguemos al Señor.**

Todos:

Te rogamos, óyenos.

El diácono o ministro:

**Por los hombres del mundo entero,
que tienen un solo Creador y Padre,
para que se reconozcan como hermanos
y, sin discriminación de raza o nación,
busquen, con sincero corazón, el reino de Dios,
que es paz y gozo en el Espíritu Santo,
roguemos al Señor.**

Todos:

Te rogamos, óyenos.

CHAPTER II • Rite of Confirmation Outside Mass

Deacon or minister:

> For the holy Church of God,
> in union with **N.** our pope, **N.** our bishop,
>   and all the bishops,
> that God, who gathers us together by the Holy Spirit,
> may help us grow in unity of faith and love
> until his Son returns in glory:
> let us pray to the Lord.
>
> **R/.** Lord, hear our prayer.

Deacon or minister:

> For all men,
> of every race and nation,
> that they may acknowledge the one God as Father,
> and in the bond of common brotherhood
> seek his kingdom,
> which is peace and joy in the Holy Spirit:
> let us pray to the Lord.
>
> **R/.** Lord, hear our prayer.

Obispo:

**Dios y Padre nuestro,
que enviaste el Espíritu Santo a los apóstoles
y estableciste que,
por medio de ellos y sus sucesores,
ese mismo Espíritu se transmitiera a todos los fieles,
escucha benévolo nuestra oración
y concede a estos hijos tuyos,
que han sido confirmados,
participar, también ahora,
de los dones que tu misericordia dispensara
al iniciarse la predicación del Evangelio.
Por Jesucristo nuestro Señor.**

Todos: Amén.

RECITACION DE LA ORACION DOMINICAL

48. Dicen todos el Padrenuestro que puede introducir el obispo con estas u ostras palabras semejantes:

**El amor de Dios ha sido derramado
en nuestros corazones
con el Espíritu Santo que se nos ha dado;
digamos con fe y esperanza:**

Todos: Padre nuestro . . .

CHAPTER II • **Rite of Confirmation Outside Mass**

Bishop:

**God our Father,
you sent your Holy Spirit upon the apostles,
and through them and their successors
you give the Spirit to your people.
May his work begun at Pentecost
continue to grow in the hearts of all who believe.
We ask this through Christ our Lord.**

R/. Amen.

LORD'S PRAYER

48. All then say the Lord's Prayer, which the bishop may introduce in these or similar words:

**Dear friends in Christ,
let us pray together
as the Lord Jesus Christ has taught.**

All: Our Father, . . .

CAPÍTULO II • Celebración de la Confirmación fuera de la Misa

BENDICION SOLEMNE

49. Entonces el obispo, con las manos extendidas sobre los recién confirmados y sobre el pueblo, los bendice. En lugar de la bendición habitual, se puede usar la siguiente fórmula, o bien la oración sobre el pueblo que viene después.

El obispo:

> **Que Dios Padre todopoderoso,**
> **que los ha adoptado como hijos,**
> **haciéndolos renacer del agua**
> **y del Espíritu Santo,**
> **los bendiga**
> **y los haga siempre dignos**
> **de su amor paternal.**

Todos: Amén.

El obispo:

> **Que el Hijo unigénito de Dios,**
> **que prometió a su Iglesia**
> **la presencia continua del Espíritu de verdad,**
> **los bendiga y los confirme**
> **en la confesión de la fe verdadera.**

Todos: Amén.

CHAPTER II • Rite of Confirmation Outside Mass

SOLEMN BLESSING

49. After the Lord's Prayer the bishop blesses all present. Instead of the usual blessing, the following blessing or prayer over the people is used. The deacon or minister gives the invitation in these or similar words:

Bow your heads and pray for God's blessing.

The bishop extends his hands over the people and sings or says:

**God our Father
made you his children by water and the Holy Spirit:
may he bless you
and watch over you with his fatherly love.**

R/. Amen.

**Jesus Christ the Son of God
promised that the Spirit of truth
would be with his Church forever:
may he bless you and give you courage
in professing the true faith.**

R/. Amen.

CAPÍTULO II • Celebración de la Confirmación fuera de la Misa

El obispo:

**Que el Espíritu Santo,
que encendió en el corazón de los discípulos
   el fuego del amor,
los bendiga y,
congregándolos en la unidad,
los conduzca,
a través de las pruebas de la vida,
a los gozos del Reino eterno.**

Todos: **Amén.**

El obispo prosigue:

**Y que a todos ustedes aquí presentes
los bendiga Dios todopoderoso,
Padre, Hijo ✠ y Espíritu Santo.**

Todos: **Amén.**

ORACION SOBRE EL PUEBLO
En vez de la fórmula anterior de bendición, se puede emplear la siguiente oración sobre el pueblo. El diácono, u otro ministro, dice esta u otra monición semejante.

Inclínense para recibir la bendición.

CHAPTER II • **Rite of Confirmation Outside Mass**

**The Holy Spirit
came down upon the disciples
and set their hearts on fire with love:
may he bless you,
keep you one in faith and love
and bring you to the joy of God's kingdom.**

R/. Amen.

The bishop adds immediately:

**May almighty God bless you,
the Father, and the Son, + and the Holy Spirit.**

R/. Amen.

PRAYER OVER THE PEOPLE
Instead of the preceding blessing, the prayer over the people may be used. The deacon or minister gives the invitation in these or similar words:

Bow your heads and pray for God's blessing.

> Luego, el obispo, con las manos extendidas sobre el pueblo, dice:

**Confirma, Señor,
lo que has realizado en nosotros
y conserva en el corazón de tus fieles
los dones del Espíritu Santo,
para que nunca se avergüencen
de dar testimonio de Jesucristo
y cumplan siempre con amor tu voluntad.**

Todos: Amén.

> El obispo prosigue:

**Y que a todos ustedes aquí presentes
los bendiga Dios todopoderoso,
Padre, Hijo + y Espíritu Santo.**

Todos: Amén.

CHAPTER II • Rite of Confirmation Outside Mass

The bishop extends his hands over the people and sings or says:

**God our Father,
complete the work you have begun
and keep the gifts of your Holy Spirit
active in the hearts of your people.
Make them ready to live his Gospel
and eager to do his will.
May they never be ashamed
to proclaim to all the world Christ crucified
living and reigning forever and ever.**

R/. Amen.

The bishop adds immediately:

**And may the blessing of almighty God,
the Father, and the Son, + and the Holy Spirit
come upon you and remain with you forever.**

R/. Amen.

Capítulo III
LO QUE DEBE OBSERVARSE CUANDO UN MINISTRO EXTRAORDINARIO ADMINISTRA LA CONFIRMACIÓN

50. Los ministros extraordinarios que administran la Confirmación, ya sea por concesión general o por indulto especial de la Santa Sede, deben seguir el rito descrito anteriormente.

51. Si por razón del gran número de confirmandos, se admite a algunos presbíteros a administrar la Confirmación, elíjanse siguiendo las normas establecidas en el núm. 8. Conviene que estos presbíteros concelebren la Eucaristía, si se administra dentro de la Misa.

Chapter III
RITE OF CONFIRMATION BY A MINISTER WHO IS NOT A BISHOP

50.   The minister of Confirmation who is not a bishop and who confirms either by concession of the general law or by special indult of the Apostolic See observes the rite described above.

51.   If, because of the large number of candidates, other priests join the celebrant in the administration of the sacrament, he chooses them in accord with no. 8. These priests should also concelebrate the Mass in which Confirmation is conferred.

Capítulo IV
CONFIRMACIÓN DE UN ENFERMO EN PELIGRO DE MUERTE

52. Normalmente todo bautizado debe llegar a la plenitud de la iniciación cristiana por medio de los sacramentos de la Confirmación y de la Eucaristía; por lo tanto, el fiel cristiano que está enfermo en peligro de muerte, si ha llegado al uso de la razón, debe ser exhortado a que, antes de recibir el viático, sea fortalecido también con el sacramento de la Confirmación, previa una necesaria catequesis, según las posibilidades.

Sin embargo, la Confirmación en peligro de muerte y la unción de los enfermos no se deben conferir, de ordinario, en un solo rito conjunto.

Al niño que no ha llegado aún al uso de la razón se le debe conferir la Confirmación observando los principios y normas indicados en el Ritual del Bautismo de los niños.

53. Siempre que las circunstancias lo permitan, debe celebrarse el rito en su totalidad, tal como se ha descrito anteriormente.

54. En caso de urgente necesidad, el ministro de la Confirmación impone las manos sobre el enfermo, diciendo:

**Dios todopoderoso,
Padre de nuestro Señor Jesucristo,
que has hecho nacer de nuevo a este hijo tuyo
por medio del agua y del Espíritu Santo
librándolo del pecado,
escucha nuestra oración
y envía sobre él al Espíritu Santo Consolador;**

Chapter IV
CONFIRMATION OF A PERSON IN DANGER OF DEATH

52. It is of the greatest importance that the initiation of every baptized Christian be completed by the sacraments of Confirmation and the Eucharist. The sick person in danger of death who has reached the age of reason should therefore be strengthened by Confirmation before he receives the Eucharist as viaticum, after the necessary and possible catechesis.

Confirmation in danger of death and Anointing of the Sick are not ordinarily to be celebrated in a continuous rite.

In the case of a child who has not yet reached the age of reason, Confirmation is given in accord with the same principles and norms as for Baptism.

53. When circumstances permit, the entire rite described above is followed.

54. In case of urgent necessity, the minister of Confirmation lays his hands upon the sick person as he says:

> **All-powerful God,**
> **Father of our Lord Jesus Christ,**
> **by water and the Holy Spirit**
> **you freed your son (daughter) from sin**
> **and gave him (her) new life.**
> **Send your Holy Spirit upon him (her)**
> **to be his (her) Helper and Guide.**

CAPÍTULO IV • Confirmación de un enfermo en peligro de muerte

espíritu de sabiduría y de inteligencia,
espíritu de consejo y de fortaleza,
espíritu de ciencia y de piedad,
y de tu santo temor.
Por Jesucristo, nuestro Señor.

Todos: Amén.

55. Luego, moja el pulgar derecho en el crisma y traza el signo de la cruz en la frente del confirmando, mientras dice:

N., recibe por esta señal el Don del Espíritu Santo.

El confirmado, si puede, responde:

Amén.

Según las circunstancias de cada caso particular, pueden añadirse algunos elementos de preparación y de conclusión.

56. En caso de extrema necesidad, basta con hacer la unción con el santo crisma y pronunciar la fórmula sacramental:

N., recibe por esta señal el Don del Espíritu Santo.

CHAPTER IV • Confirmation of a Person in Danger of Death

**Give him (her) the spirit of wisdom
   and understanding,
the spirit of right judgment and courage,
the spirit of knowledge and reverence.
Fill him (her) with the spirit of wonder and
   awe in your presence.
We ask this through Christ our Lord.**

R/. Amen.

55. Then the minister dips his right thumb in the chrism and makes the sign of the cross on the forehead of the one to be confirmed, as he says:

N., be sealed with the Gift of the Holy Spirit.

The newly confirmed responds, if he is able:

Amen.

Other parts of the preparatory and concluding rites may be added in individual cases, depending on the circumstances.

56. In case of extreme necessity, it is sufficient that the anointing be done with the sacramental form:

N., be sealed with the Gift of the Holy Spirit.

Apéndice
LECTURAS BÍBLICAS

Antiguo Testamento

1. Is 11, 1-4
   El espíritu del Señor se posará sobre él.

2. Is 42, 1-3
   Yo he puesto mi espíritu en mi siervo.

3. Is 61, 1-3. 6. 8-9
   El Señor me ha ungido y me ha enviado para anunciar la buena nueva a los pobres y a llenarlos con perfume de alegría.

4. Ez 36, 24-28
   Les infundiré un espíritu nuevo.

5. Joel 2, 23. 26–3, 1-3
   Derramaré mi espíritu sobre mis siervos y siervas.

Nuevo Testamento

1. Hech 1, 3-8
   El Espíritu Santo los llenará de fortaleza y serán mis testigos.

2. Hech 2, 1-6. 14. 22-23. 32-33
   Se llenaron todos del Espíritu Santo y empezaron a hablar en otros idiomas.

3. Hech 8, 1. 4. 14-17
   Impusieron las manos sobre ellos, y ellos recibieron el Espíritu Santo.

Appendix
BIBLICAL READINGS

READINGS FROM THE OLD TESTAMENT
(LECTIONARY 764)

1. Isaiah 11:1-4ab
   The Spirit of the Lord shall rest upon him.

2. Isaiah 42:1-3
   Here is my servant upon whom I have put my Spirit.

3. Isaiah 61:1-3abcd, 6ab, 8c-9
   The Lord has anointed me; he has sent me to bring glad tidings to the lowly and to give them the oil of gladness.

4. Ezekiel 36:24-28
   I will put a new spirit within you.

5. Joel 2:23a, 26–3:1-3a
   I will pour out my Spirit upon the servants.

READINGS FROM THE NEW TESTAMENT
(LECTIONARY 765)

1. Acts 1:3-8
   You will receive the power when the Holy Spirit comes upon you, and you will be my witnesses.

2. Acts 2:1-6, 14, 22b-23, 32-33
   All were filled with the Holy Spirit, and began to speak in different tongues.

3. Acts 8:1bc, 4, 14-17
   They laid hands on them and they received the Holy Spirit.

APÉNDICE • Lecturas Bíblicas

4. Hech 10, 1. 33-34. 37-44
Descendió el Espíritu Santo sobre todos los que estaban escuchando el mensaje.

5. Hech 19, 1-6
¿Han recibido el Espíritu Santo cuando abrazaron la fe?

6. Rom 5, 1-2. 5-9
Dios ha infundido su amor en nuestros corazones por medio del Espíritu Santo, que él mismo nos ha dado.

7. Rom 8, 14-17
El Espíritu Santo, junto con nuestro propio espíritu, da testimonio de que somos hijos de Dios.

8. Rom 8, 26-27
El Espíritu intercede por nosotros con gemidos que no pueden expresarse.

9. 1 Cor 12, 4-13
Uno solo y el mismo Espíritu distribuye sus dones según su voluntad.

10. Gál 5, 16-17. 22-23. 24-25
Si tenemos la vida del Espíritu, actuemos conforme a ese mismo Espíritu.

11. Ef 1, 3. 4. 13-19
Han sido marcados con el Espíritu Santo prometido.

12. Ef 4, 1-6
Un solo cuerpo y un solo Espíritu, un solo bautismo.

Salmos

1. Salmo 21
R. *Contaré tu gloria a mis hermanos.*
O bien: R. *Cuando venga el Espíritu Santo, ustedes darán testimonio de mí.*

APPENDIX • **Biblical Readings**

4. Acts 10:1, 33-34a, 37-44
   The Holy Spirit fell upon all those who were listening to the word.

5. Acts 19:1b-6a
   Did you receive the Holy Spirit when you became believers?

6. Romans 5:1-2, 5-8
   The love of God has been poured into our hearts through the Holy Spirit who has been given to us.

7. Romans 8:14-17
   The Spirit himself bears witness with our spirit that we are children of God.

8. Romans 8:26-27
   The Spirit himself intercedes with inexpressible groanings.

9. 1 Corinthians 12:4-13
   But one and the same Spirit produces all these gifts, distributing them individually to each person as he wishes.

10. Galatians 5:16-17, 22-23a, 24-25
    If we live in the Spirit, let us also follow the Spirit.

11. Ephesians 1:3a, 4a, 13-19a
    You were sealed with the promised Holy Spirit.

12. Ephesians 4:1-6
    One Body and one Spirit, one baptism.

Responsorial Psalms
(Lectionary 766)

1. Psalm 22:23-24ab, 26-27, 28 and 31-32
   R/. *(23a): I will proclaim your name to my brothers and sisters.*
   or: *(John 15:26-27): When the Holy Spirit comes to you, you will be my witnesses.*

APÉNDICE • Lecturas Bíblicas

2. Salmo 22
R. *El Señor es mi pastor, nada me faltará.*

3. Salmo 95
R. *Cantemos la grandeza del Señor.*

4. Salmo 103
R. *Envía, Señor, tu espíritu a renovar la tierra.*

5. Salmo 116
R. *Ustedes serán mis testigos hasta los últimos rincones de la tierra.*
O bien: R. *Aleluya.*

6. Salmo 144
R. *Bendeciré al Señor eternamente.*

Aclamaciones antes del Evangelio

1. Jn 14, 16
Yo le pediré al Padre, y él les dará otro Consolador, que se quedará para siempre con ustedes, dice el Señor.

2. Jn 15, 26. 27
El Espíritu de verdad dará testimonio de mí, dice el Señor, y también ustedes serán mis testigos.

3. Jn 16, 13; 14, 26
Cuando venga el Espíritu de verdad, él les enseñará toda la verdad y les recordará todo cuanto yo les he dicho, dice el Señor.

4. Cfr Apoc 1, 5. 6
Jesucristo, testigo fiel, primogénito de los muertos, tú has hecho de nosotros un reino de sacerdotes para nuestro Dios y Padre.

5. *Ven, Dios Espíritu Santo, y envíanos desde el cielo tu luz para iluminarnos.*

6. *Ven, Espíritu Santo, llena los corazones de tus fieles y enciende en ellos el fuego de tu amor.*

APPENDIX • Biblical Readings

2. Psalm 23:1b-3a, 3bc-4, 5-6
   R/. *(1): The Lord is my shepherd; there is nothing I shall want.*

3. Psalm 96:1-2a, 2b-3, 9-10a, 11-12
   R/. *(3): Proclaim God's marvelous deeds to all the nations.*

4. Psalm 104:1ab and 24, 27-28, 30-31, 33-34
   R/. *(see 30): Lord, send out your Spirit, and renew the face of the earth.*

5. Psalm 117:1bc, 2
   R/. *(Acts 1:8): You will be my witnesses to all the world.*
   or: *Alleluia.*

6. Psalm 145:2-3, 4-5, 8-9, 10-11, 15-16, 21
   R/. *(see 1): I will praise your name for ever, Lord.*

ALLELUIA VERSES AND VERSES BEFORE THE GOSPEL
(LECTIONARY 767)

1. John 14:16
   I will ask the Father and he will give you another Advocate to be with you always.

2. John 15:26b, 27a
   The Spirit of truth will testify to me, says the Lord; and you also will testify.

3. John 16:13a; 14:26d
   When the Spirit of truth comes, he will guide you to all truth and remind you of all I told you.

4. Revelation 1:5a, 6a
   Jesus Christ, you are the faithful witness, firstborn from the dead; you have made us a kingdom of priests to serve our God and Father.

5. *Come, Holy Spirit; shine on us the radiance of your light.*

6. *Come, Holy Spirit, fill the hearts of your faithful, and kindle in them the fire of your love.*

APÉNDICE • **Lecturas Bíblicas**

EVANGELIOS

1. Mt 5, 1-12
   De ellos es el Reino de los cielos.

2. Mt 16, 24-27
   El que quiera venir conmigo, que renuncie a sí mismo.

3. Mt 25, 14-30
   Puesto que has sido fiel en cosas de poco valor, entra a tomar parte en la alegría de tu señor.

4. Mc 1, 9-11
   Jesús vio que el Espíritu descendía sobre él.

5. Lc 4, 16-22
   El Espíritu del Señor está sobre mí

6. Lc 8, 4-10. 11-15
   Lo que cayó en tierra buena representa a los que conservan la palabra y dan fruto por su constancia.

7. Lc 10, 21-24
   Te doy gracias, Padre, porque has revelado los misterios del Reino a la gente sencilla.

8. Jn 7, 37-39
   Brotarán ríos de agua viva.

9. Jn 14, 15-17
   El Espíritu de verdad permanecerá con ustedes.

10. Jn 14, 23-26
    El Espíritu Santo, les enseñará todas las cosas.

11. Jn 15, 18-21. 26-27
    El Espíritu de la verdad, que procede del Padre, él dará testimonio de mí.

12. Jn 16, 5-7. 12-13
    El Espíritu de verdad los irá guiando hasta la verdad plena.

APPENDIX • Biblical Readings

GOSPEL
(LECTIONARY 768)

1. Matthew 5:1-12a
   Theirs is the Kingdom of heaven.

2. Matthew 16:24-27
   Whoever wishes to come after must deny himself.

3. Matthew 25:14-30
   Since you were faithful in small matters, come, share your master's joy.

4. Mark 1:9-11
   Jesus saw the Spirit descending upon him.

5. Luke 4:16-22a
   The Spirit of the Lord is upon me.

6. Luke 8:4-10a, 11b-15
   The seed that fell on rich soil: they are the ones who, when they have heard the word, bear fruit through perseverance.

7. Luke 10:21-24
   I give you praise, Father, for you have revealed hidden things to the childlike.

8. John 7:37b-39
   Rivers of living water will flow.

9. John 14:15-17
   The Spirit of truth will remain with you.

10. John 14:23-26
    The Holy Spirit will teach you everything.

11. John 15:18-21, 26-27
    When the Spirit of truth that proceeds from the Father comes, he will testify to me.

12. John 16:5-7, 12-13
    The Spirit of truth will guide you to all truth.